宋丁文集

CHENGSHI ZHUANXING SHENGJI DE
SHENZHEN QISHI

城市转型升级的深圳启示

宋 丁◎著

中山大学出版社
SUN YAT-SEN UNIVERSITY PRESS
·广州·

版权所有　翻印必究

图书在版编目（CIP）数据

城市转型升级的深圳启示/宋丁著．—广州：中山大学出版社，2021.3
（宋丁文集）
ISBN 978 - 7 - 306 - 06959 - 7

Ⅰ. ①城… Ⅱ. ①宋… Ⅲ. ①城市经济—转型经济—研究—深圳 Ⅳ. ①F299.276.53

中国版本图书馆 CIP 数据核字（2020）第 170173 号

出　版　人：	王天琪
策划编辑：	金继伟
责任编辑：	周　玢
封面设计：	曾　斌
责任校对：	王　璞
责任技编：	何雅涛
出版发行：	中山大学出版社
电　　话：	编辑部 020 - 84110283，84113349，84111997，84110779，84110776
	发行部 020 - 84111998，84111981，84111160
地　　址：	广州市新港西路 135 号
邮　　编：	510275　传　真：020 - 84036565
网　　址：	http://www.zsup.com.cn　E-mail: zdcbs@mail.sysu.edu.cn
印　刷　者：	广州一龙印刷有限公司
规　　格：	787mm×1092mm　1/16　16.5 印张　253 千字
版次印次：	2021 年 3 月第 1 版　2021 年 3 月第 1 次印刷
定　　价：	68.00 元

如发现本书因印装质量影响阅读，请与出版社发行部联系调换

谨以本书
献给深圳经济特区建立40周年

作者简介

宋丁

国际著名学者费孝通教授的首届研究生

中国城市经济专家委员会副主任

中国城市经济学会理事

中国智慧城市专家委员会首席专家

广东文商旅游规划研究院院长

为青海、深圳、西安、重庆等众多省市政府提供顾问服务

中国中央电视台、凤凰卫视、第一财经等众多传统媒体及网媒特约嘉宾

著有《城市学》《深港共同体研究》等各类专著、合著20多部

发表各类论文300多篇

在各类重要论坛上发表400多次演讲

获得马洪学术研究优秀成果奖等多个奖项

主持了400多项有关城市战略及文商旅地产项目的策划、规划及咨询

国内城市战略研究及文商旅地产策划规划领域的杰出专家

前　　言

　　2020年是深圳经济特区建立40周年的特殊年份，而我作为一个当年对深圳执着向往，并在1991年就来到深圳参与特区建设的经济社会学者，早已对这座充满青春活力和创新精神的年轻城市建立了一种特殊的感情，一直想记录一点我的认知、感想和思考。

　　我是1991年11月初来深圳的，见证了深圳大部分的发展故事。每每想起那些高潮迭起的日子，心中总是有一种按捺不住的激动。

　　每一个来到深圳的人都有自己特别的故事，但大家也有一个共同点，那就是想闯荡一番，想改变自己在内地的现状，想有一种更好的发展前景。最后的发展结果肯定会有不同，有的大展宏图，有的发展平平，也有的坚持不了便打道回府了。然而我发现，不管是身处哪个段位，只要是在深圳待过的人，他的骨子里总会植入一种深圳精神，那就是充满期待、积极进取、不怕失败、宽宏包容。即使是那些后来被迫返回家乡的人，他们回去以后，大多数人并没有在行为方式上回归原有的状态，而是把深圳精神也带回去了，不少人在家乡同样积极创业，也获得了成功。

　　我回想当年期待闯荡深圳的日子，也是颇有一番感慨。1991年春天，我在内地努力复习英语，希望能有机会出国读博士。有一天，我从朋友那里获知，深圳成立了一家颇有改革开放气质的、有雄厚的官方背景但又属于民办性质的大型研究机构。本来，我已经是在一家官方的研究机构工作，只是觉得当时身处的机构不太适合我。当我得知新成立了机构这个消息时，立即开始行动，准备调往深圳这家研究机构。为了见到该机构的负责人，我专程到了北京，住在一间小旅馆里，天天吃着北京街头买来的大饼、馒头充饥，等了整整一个星期，

城市转型升级的深圳启示
CHENGSHI ZHUANXING SHENGJI DE SHENZHEN QISHI

终于见到了那位负责人。我们交谈以后，我得到了他的充分认可。于是，我在1991年11月3日乘坐飞机抵达广州，再乘坐大巴前往深圳。晚上8点多钟，当我在深圳罗湖火车站下车的那一刻，望着深圳国贸大厦附近灯火通明的城市夜景，我心里激动地对这座期盼已久的城市喊了一声：深圳，我来了！

将近30年的在深圳工作和生活的时间，已经超过我在家乡城市生活的时间了，我当然会对深圳有第二故乡的感觉，同时也对这座城市有了一种独特的感受。我觉得深圳就是一座结合了国内国际双重优势而又规避了国内国际双重不足的城市。一方面，它毗邻香港，具有很强的对外开放性，在城市秉性上有很浓的国际色彩。另一方面，它又在中国境内，在大中华文化圈内，我在这里没有离开祖国的漂浮感，没有在国外生活的华人那种"二等公民"感。我在深圳可以从容地参加很多政府的咨询项目，可以对国家的经济建设提出很多自己的意见和建议，可以直接和很多政府人士及各界人士分享国家改革开放的创新成果。而我的那些在国外的同学，他们几乎很少有机会进入那些国家的政府工作层面或者大型企业经济工作层面，去直接参与那些国家的经济社会文化建设。相比之下，我觉得在深圳的经历更加符合我的人生期待：更多更直接地参与国家发展建设大业。我身处中国改革开放最前沿的城市深圳，在全世界都特别关注的中国改革开放这个大事上，我一直走在前列，仅凭这一点，我就对来到深圳感到自豪，很想说：感谢深圳！

有一种说法，认为深圳的经历不是什么奇迹，不过是照搬了国外几百年来市场经济的发展模式，因而获得了快速的发展，这中间没有什么值得炫耀的创新内涵。我不认同这种观点，我坚定地认为深圳就是世界城市发展史上的一个奇迹。比如，在短短的不到40年的时间里，深圳就由一个人口30万的农业县发展成为人口2000多万的国际大都市，由年地区生产总值1亿～2亿元飙升到2.7万亿元，在全国排在上海、北京之后，名列第三；多年来，无论在国外还是国内的权威机构评选中，深圳一直被评为最具综合竞争力的城市，这些评级机构应该都有一套完备的评选指标和程序，深圳得到这样的评选结果当之无愧。这样来看，这无论如何都是奇迹了，更不用说深圳的市场化、国际化和法治化建设多年来都在国内名列前茅了。

当然，与国际发达城市和国内综合发展实力更强的城市相比，深圳在教育、医疗、住房、文化建设等非经济领域仍然存在很大差距，这些方面深圳的确需要加强。但深圳能在如此短的时间内就形成这样的城市运行秩序、体制和底蕴，能让如此庞大的城市经济水平年年平稳、快速增长，能在经济水平大幅增长的同时仍然保持在国内大型城市中国家环境质量方面排名第一的地位，能让那么多的人在这里充满期盼，能让那么多的城市不停地前来考察它的发展经验，这已经足够说明它是一个名副其实的奇迹城市。

深圳40年来的高速发展，除了经济特区政策以及其他政策的推动外，也有来自这座城市凝聚的人民的力量的推动，犹如火山喷发那样，激情澎湃，勇往直前，不可阻挡。这是市场的力量，就像那句俗语，"给点阳光就灿烂"。深圳就是这样一座特别的城市，它永不知疲倦，永不停歇，无论发生了什么，它都会一直奋斗下去。

在迎接深圳建立经济特区40周年的时刻，国家又隆重推出了《粤港澳大湾区发展规划纲要》，更是出台专项文件，要求深圳努力建设中国特色社会主义先行示范区。这是对深圳的信任，更是一份沉甸甸的责任。深圳将不负重任，在取得经济特区40周年巨大成就的基础上，向着更加远大的目标重新出发。这个目标就是"全球标杆城市"，是直接对标世界级城市的一次全新征程，任务当然极其艰巨，路途也必定存在艰难险阻。但我基于将近30年的切身体验，相信即便有任何困难，深圳都一定会逾越、一定会征服、一定能取得成功，这是它的城市禀赋决定的。

我将这本书起名为《城市转型升级的深圳启示》，就是想把深圳这些年来全力推动城市按照国际化、市场化、法制化的道路不断前行、不断改革、不断提升的经历和经验表述出来，以给其他城市提供有益的启示。借用去年刚推出的先行示范区的概念，深圳先行了、成功了、有经验了，那就给大家做个启示，示范一下，这种发展模式是典型的中国模式，很有用。我想，这个启示首先是给深圳自己的，让即将进军"先行示范区"创建工作的深圳自己明白,过去这些年来,自己是怎么走过来的,经验并不都是给别人看的,首先是要总结给自己看,给自己一点启示,以更加清醒的认识告别历史、面对未来。

最后我还想讲一下深圳精神。有一句话很能概括深圳的包容性:来了就是深圳人。这一点我的感受非常深刻。深圳是一座没有"城府"、没有傲慢、没有歧视的城市,无论你来自哪里,无论你原来的地位高低,在这里统统没有区别,大家都说着普通话,都在一个起跑线,只要你有能力,你来公司做成一件事就可能立刻被提升为管理者。如果说深圳也有"歧视",那就是对那些不求上进、天天混日子的人,对那些指望不经过努力就能获取意外财富和攫取暴利的人,对他们会有一种深深的"鄙视",因为他们虽然身在深圳,但其思想和行为却从根本上歪曲了深圳精神。

我的这本专著从先行示范区、城市战略、城市建设、各地城市发展、房地产等多个视角广泛分析了深圳在城市转型升级过程中体制、经济、社会、文化的发展历程、经验和问题,也提出了若干有关深圳未来发展的建议。希望这本书能为全国的城市工作者、经济建设者、社会活动者和文化创意者们提供一份来自深圳的鲜活的案例,让大家都能从深圳的启示中有所获益。如果做到这一点,我就心满意足了。

特别期待各位读者朋友对我这本书进行批评指正!毕竟这是一家之言,都是自己对深圳这座特区城市以及其他城市多年来发展过程的一些记录和思考,不恰当的地方一定还有,大家的批评指正就是我继续努力的动力。在大家的鼓励和鞭策下,我相信我会更加专注于此,希望将来能写出更多更让大家满意的作品来。谢谢各位读者朋友!

2020 年 9 月 12 日写于深圳

目录

CONTENTS

第一章 从经济特区到先行示范区：深圳再出发 / 1

先行示范区对深圳及大湾区意味着什么？ / 3
深圳建设先行示范区的突破方向 / 11
深圳金融能否实现先行示范？ / 14
先行示范区背景下深圳房地产会重回"中心"位吗？ / 17
会展经济将引领深圳先行示范区实践 / 20

第二章 转型升级：深圳的大趋势 / 29

创新让深圳实现跨越式发展 / 31
通过八大趋势读懂明天的深圳 / 34
深圳的"东进战略"，深层意图在哪里？ / 40
赢在风口，"东进战略"是重大机遇 / 42
深圳要积极探索可持续发展的全球创新城市模式 / 46
双向突破：未来15年中国城市化战略趋势 / 50
城市特色是怎么产生的？ / 57
智慧小镇：中国智慧城市建设的新型实验区 / 61
由国家高新区扩容看深圳三大走廊的战略价值 / 68
从世界工厂到全球智都：深莞融合发展前景不可估量 / 72
科技——中国未来获得全球地位的核心竞争力 / 78

论产业、房地产与城市发展的关系 / 84
临空经济：前景不可估量 / 86
深圳国土空间规划面临的若干问题 / 96

第三章 建设新型城市，深圳的"闯"与"创" / 103

从大沙河创新走廊看深圳的底气 / 105
世界上最大的"漂"是"深漂" / 110
电商深圳，还是拉开了超越北上广的架势 / 114
从"临深"到"环深"：本质剧变，市场选择 / 119
华侨城开发甘坑新镇项目的思考 / 122
农庄聚餐，我嗅到了深圳科技创新的浓浓味道 / 126
应对贸易摩擦，深圳的"修炼"方式 / 129
深汕：深圳深度飞地模式的唯一机遇 / 131
通！未来深圳首先要做的就是这个字 / 134
大鹏新区：淡化都市味道，让大鹏更好地飞起来 / 137
深圳：致力于建设低碳环保示范城市 / 140
何以再创经济辉煌？深圳需要五大突破 / 143
八大设计方向助力深圳成为全球标杆城市 / 149
热爱深圳，闯荡深圳 / 154

第四章 深圳地产：中国楼市风向标 / 163

形势复杂，趋势未变，稳字当头，善抓机遇 / 165
2019年深圳房地产走向与机会 / 171
用四个地段的视角分析深圳楼市 / 177
当前形势及深圳房企应对策略 / 180
深圳工改政策改变不只影响保障性住房和楼市 / 184

粤港澳大湾区背景下的房地产业发展机遇　/188
不要误读深圳二次房改方案的三个管理办法　/199
大湾区时代的产业地产发展趋势　/202
当前中国房地产的政策、市场和产业走势　/209
深圳需要"有温度"的写字楼　/212
房贷利率新政出笼,"锚"变之下市场表现亮了　/218
即将踏入21世纪20年代之际,中国房地产呈现出哪些重要
　　动向?　/221

后记　/233

第一章

从经济特区到先行示范区：深圳再出发

先行示范区对深圳及大湾区意味着什么？

2019年8月27日，深圳市建筑设计研究总院召开创新大会，我受邀做了本次演讲，下面是演讲实录。

尊敬的孟建民院士，尊敬的各位领导：

大家好！我觉得特别荣幸，在国家出台这么一个重大政策的背景下，我这是第一次正式对外演讲这个问题，能够有这么个长期合作的机构，看见那么多老面孔、新面孔，我觉得非常开心。今天的内容非常重要，对深圳来讲，40年以来又一次站到了新的起点上，这对我们来说不仅有荣誉感，更多的是有责任感。我希望大家今天共同来探讨这个问题，我们怎么安排未来，引领这一波的发展。我演讲的题目是《先行示范区对深圳及大湾区意味着什么？》。

2019年8月18日，《中共中央 国务院关于支持深圳建设中国特色社会主义先行示范区的意见》（以下简称《意见》）正式公布，这是改革开放40年来对深圳的强有力的支持，这次给的政策是实施特区政策以来特别重要的一次，其对深圳未来的政治、经济、文化、社会发展等将产生重要的影响。

一、为什么要设先行示范区

中国改革开放40年的经验表明，示范区这个模式是低成本、高效率的发展之路。就像40年以前我们把国门打开，面对国外那么多新鲜的东西，如果要全面布点，就会高成本、高投入，成效很低。选择经济特区是选点的方式，这样的方式是低成本、高效率的。

我们要找一种办法，比如推一个先行示范区来寻找新的发展模式。中国有将近800个城市，需要推出一个城市作为代表进行一个先行试验，现在看来就是深圳，因为深圳的改革开放状况比较适合做这个先行示范区的试验。40年以前选深圳是因为外在理由，因为深圳毗邻香港。当时要吸纳香港的技术、资金、人才，所以试验区不能设在东北、西北那些内陆地方，而要设在深圳，这就是外因。但是，今天设深圳为先行示范区就是内因，因为深圳自身的潜力不可低估。之前上海设立临港新片区，已经很不错了。但是，基于深圳本身的条件，国家觉得改革开放再往深走，还是要找一个城市来进行示范引领。做先行示范区，示范这件事情除了向国内其他城市示范经验外，还要向外示范，要向全球证明中国特色社会主义道路、中国的模式是可行的，是可以比西方优越的。我们必须要在更高起点上先行探索中国特色社会主义现代化的强国之路，所以，我们需要找到一个城市作为试验区。深圳设立先行示范区将向全国提供高效可行的中国特色社会主义的成功样板。同时，中国特色社会主义道路及其优越性也需要向全世界提供最有说服力的范例。

二、为什么要选择深圳

选择深圳的原因就是基于国家发展和国际竞争的需要，要有一个范例代表国家做战略发展的引导和国际竞争的先锋。深圳在40年的改革开放历程中始终处在最前沿，拥有最丰富的经验，国际化、市场化、法制化基础在全国都处于领先地位，国际竞争力一直处在全国前列，在国际上也具备优势。

今天我们大会的主题是创新，深圳的科技创新能力和经济实力也是推进先行示范区实验的强大支撑力。如果一个城市没有强大的科技创新基础力量，做这个示范也是很难的，因为未来需要创新引领发展。

还有一个原因是精神力量。深圳很早就提出时间就是金钱、效率就是生命，所以，在创新和开拓方面具有争分夺秒和效率为先的意识。

另外，深圳具有较高的国际接纳度。中国有数百个城市，但有几个城市能有这么高的国际接纳度？深圳是特别接近现代化强国目标及国际社会认同标志的中国城市。因此，在这方面也适合做先行示范区。

三、先行示范区有哪些发展的突破点

（一）先行示范区

"先行示范区"这个词非常重要，国家提出了青岛的上合示范区（中国—上海合作组织地方经贸合作示范区）和上海自贸区临港新片区，而在某种程度上说，深圳先行示范区比这两个城市的这两个区或许略胜一筹，因为它们都是局部的。青岛的上合示范区是围绕着上合组织建设的，范围不太大。上海自贸区考虑到改革开放的方向，设立了一个临港新片区，面积并不大，主要是承载上海更高水平的改革开放的政策，所以上海铆足劲在建设。深圳的先行示范区设置的不是一个小片区，而是整体的城市范围，力度很大。自贸区和先行示范区并不是相同的概念，先行示范区应该比自贸区的品质相对较高一些。深圳先行示范区是由经济特区转向政治、经济、文化、社会全面先行示范的区域，所以，一定是一个困难更大、障碍更多但是建设力度更大、前景更广阔的示范区。

"先行""示范"，这两个词并重。多元探索与内外传播共同推进，这是责任，也反映了它的内涵。"先行"概念提到了"在更高起点、更高层次、更高目标上实施改革开放的全面深度试验"。"示范"不断以全面深度试验成果向全国展示新形象和输送新经验，这是国内的示范；"示范"不断向世界展示和传播中国特色社会主义的独特形象、能量和价值，这是国际的示范。建设现代化强国，也要有适当的宣传，正确地向全世界展示中国的实力。

（二）五大战略定位

高质量发展高地、法治城市示范、城市文明典范、民生幸福标杆、可持续发展先锋，这是《意见》中阐述的五个方面，看到这五点就知道先行示范区的主要建设方向。

（三）全球标杆城市

在全球这么多城市中，要做标杆城市是很难的。深圳2025年发展目标是成为现代化国际化创新型城市，2035年发展目标是成为我国建设社会主义现代化强国的城市范例。现在的水平，深圳人均GDP（地区生产总值）是3万多美元、全国平均差不多1万美元，美国是6万多美元，所以我们还有差距。人均GDP是重要经济指标。强国的反映是质量，大国反映的是数量。2025—2035年深圳要走到全球城市GDP的前列，在这个基础上，到21世纪中叶才能够建设出竞争力、创新力、影响力卓著的全球标杆城市。这个任务非常重，因此，要认真解读什么是全球标杆城市。

过去40年里，深圳已经在国内的科技领域、经济领域里成为具有国际竞争力的城市了，未来30年的目标就是要全方位建设全球标杆城市。做全球城市发展样板意味着深圳必须站在世界政治、经济、科技、文化的高位上创新发展，所以，今天这个会议召开得很及时。

（四）全面深化改革

社会主义市场经济改革的方向，一定不能偏离。深圳在构建高质量发展的体制机制方面要走在全国前列，比如探索完善产权制度、依法有效保护各种所有制经济组织和公民财产权。国家支持深圳开展区域性国资国企综合改革试验，深化供给侧结构性改革。同时，这次中央明确讲了，支持深圳用足用好经济特区立法权，支持深圳实施综合授权改革试点，允许深圳立足改革创新实践需要，根据授权对法律、行政法规、地方性法规进行变通规定，这点非常重要。如果具有立法权但是什么都不能动的话，那立法权就会成为空架子。只要把立法权用足用好，就有巨大的发展潜力，所以，深化改革的关键是用足用好立法权。

（五）深度开放和国际化方向

全面扩大开放要继续坚持。我们的目标是加快构建与国际接轨的开放型经济新体制。深圳过去也在开放，但是改革开放力度不太够，还有很多任务要完成。比如，要制定更便利、合适的境外人才引进和出入境管理制度。支持深圳具备条件的各类单位、机构和企业在境外设立科研机构，这是走出去，进一步跟国际机构创新融合。推动更多国际组织和机构落户深圳，促进深圳的国际化，这是引进来。

深圳要促进粤港澳大湾区人员、资金、技术和信息等要素高效便捷流动。对内要促进深莞惠联动发展，促进口岸东西两岸融合互动。港珠澳大桥通了，西岸离深圳很近了，未来西面是个巨大的发展机会，所以大家一定要看中这个发展机会，创新完善、探索推广深汕特别合作区管理体制机制。对我们来讲往东走有一块区域叫深汕，460多平方千米，可建设面积140多平方千米，这是个巨大的机会，无论做设计还是投资，深汕都是个非常好的机会。

（六）创新驱动

深圳要进一步弘扬敢闯敢试、敢为人先、埋头苦干的特区精神，把创新驱动作为未来发展的核心动能和基础动能。因为所有的一切没有创新就免谈，只有创新才是发展最基本的东西。深圳应以创新驱动发展战略建设现代化经济体系，强化产学研深度融合的创新优势。因为深圳在产的方面很强，学的方面不足够，研的方面不平衡。例如，深圳的企业研究力量很强大，但是国家级的研究机构和研究型大学远远不够。不过，深圳这么多年来虽然没有那么多大学，也没有那么多国家级研究机构，但是它的科技成果转化率很高，达到95%以上。如果科技成果不能转化，所有的生产力都停留在实验室里，是没有任何意义的。

深圳的企业研发和科技制造实力很强，但要加强基础研究，这方面偏弱，要强化，并且要和应用研究紧密结合，实施关键核心技术攻坚行动。这方面我对深圳还是很有信心的。深圳还可以推动全球创新领先城市科技合作组织和平台建设，允许取得永久居留资格的国际人才创办科技型企业、担任科研机构法人代表；加快深港科技创新合作区建设，探索协同发展模式。香港还有很多的优势，比如人才、技术研究方面的优势，深圳则是科技成果转化能力比香港强，最好两方面结合一下。

（七）战略性新兴产业

5G（第五代移动通信技术）通信系统及未来通信高端器件、人工智能新经济、网络空间科学与技术、生命信息、生物医药、高性能医疗器械等产业，还有数字货币与移动支付等数字经济，以及海洋经济及产业，这些是当代全球科技发展的领先产业。这次其中没有提到航空航天，但是我觉得航空航天也是国家的战略新兴产业，接着发展就可以了。

（八）创新型金融

（1）完善创业板发行上市、再融资和并购重组，创造条件推动注册制改革。

（2）促进与港澳金融市场互联互通和金融（基金）产品互认，进一步强化深圳的国际化。

（3）在推进人民币国际化上先行先试，支持深圳试点深化外汇管理改革。

（4）探索知识产权证券化，规范有序建设知识产权和科技成果产权交易中心。

（九）文化竞争力

深圳要发展文化竞争力，有一系列加强建设区域文化中心城市和彰显国家文化软实力的措施。国家支持深圳率先建成普惠性、高质量、可持续的城市公共文化服务体系；支持深圳规划建设一批重大公共文化设施；鼓励国家级博物馆在深圳设立分馆；还有促进建成城市社区运动场地设施建设试点城市；鼓励深圳与香港、澳门联合举办多种形式的文化艺术活动，开展跨界重大文化遗产保护，涵养同宗同源的文化底蕴，不断增强港澳同胞的认同感和凝聚力。

支持深圳大力发展数字文化产业和创意文化产业，这肯定是个大趋势。加强粤港澳数字创意产业合作，支持深圳建设创新创意设计学院，这个和我们就有关系了。强化深圳的大学教育，引进世界高端创意设计资源，设立面向全球的创意设计大奖，这对在座的各位是个机会。打造一批国际化的中国文化品牌，深圳在方面可以做很多工作。还有，可以举办大型文创展览，丰富中外文化交流内容；发展更具竞争力的文化产业和旅游业，推动文旅融合发展；等等。

（十）民主法治城市

法治政府的建设，要用法治规范政府和市场的边界，完善重大行政决策程序制度，提升政府依法行政能力，目标就是营造稳定、公平、透明的国际一流法治化营商环境。同时，要构建政企沟通机制，加快构建新型政商关系，全面推行权力清单、责任清单、负面清单制度；加强社会信用体系建设，率先构建统一的社会信用平台。

（十一）社会治理现代化

深圳社会治理现代化的实现，要推进数字政府建设改革，实现主动、精准、整体式、智能化政府管理服务；综合应用大数据、云计算、人工智能等技术，提高社会治理智能化专业水平；加快建设智慧城市，支持深圳建设粤港澳大湾区大数据中心。许多城市都在竞争粤港澳大湾区数据中心的位置，因为数据中心是未来发展的核心，这个基础平台建设对于深圳的地位提高是非常重要的。另外，探索完善数据产权和隐私保护机制，强化网络信息安全保障，这都是我们现代化治理的大方向。

（十二）大补民生短板

大学、中学、小学、幼儿教育等方面都应该要完善。还有服务老年人、社会保险、养老保险等方面也要密切关注。

（十三）可持续发展

为实现可持续发展，我们应实行最严格的生态环境保护制度，加强生态环境监管执法，对违法行为"零容忍"；构建以绿色发展为导向的生态文明评价考核体系，深化自然资源管理体制改革，构建城市绿色发展新格局；坚持生态优先，加强陆海统筹，严守生态红线，保护自然岸线，实施重要生态系统保护和修复重大工程；强化区域生态环境联防共治，提升城市灾害防御能力，加强大湾区应急管理合作；加快建立绿色低碳、循环发展的经济体系，构建以市场为导向的绿色技术创新体系，也就是绿色产业、绿色消费、绿色金融。

四、建设先行示范区，深圳应该怎么做

第一，在自下而上全市大讨论的基础上推出一整套务实可行的实施方案。

第二，从上到下融会贯通，形成坚定不移、不打折扣的可持续执行力。

第三，继续增强国际化程度和软实力。

第四，派出代表团赴别的城市交流学习，借鉴这些城市的经验。

第五，与国际先进城市建立城际互动关系。

归结起来，就是：深圳新使命，先行示范区，依托大湾区，创新中国梦，全球标杆城。希望大家一起努力，谢谢大家。

2019 年 8 月 27 日

深圳建设先行示范区的突破方向

深圳建设中国特色社会主义先行示范区,如何实现战略突破呢?概括来说,有五个重要的方向。

一、深度开放的突破

虽然深圳是中国改革开放的排头兵,但其开放深度和广度也需要加强。例如,深圳缺乏开放型的国际政治舞台和大型国际交流活动,缺乏国际著名跨国公司、跨国银行的全方位进入,缺乏和国际著名城市间的交流互动,甚至缺乏一个国际化城市所必需的开放性大交通门户地位。这次政策投放,对深圳的深度开放给出了一系列重要的扶持,比如人民币国际化试验,举办国际重大外交活动,加大国际科技、金融、贸易等领域的双向投资互动,等等。这些行动必将强力推进深圳的深度开放和发展,为深圳实现建设全球标杆城市的目标奠定坚实的基础。

二、民营经济的突破

深圳40年来之所以有这样的高速发展,最重要的原因就是,在全国最佳的市场经济体制和氛围下,孵化出最成功、最活跃的民营经济体系,截至2019年5月,深圳民营经济商事主体超过314万家,民营经济商事主体占比达到97.66%。深圳每千人拥有商事主体约240户、企业150户,创业密度全国第一,产生了许多著名民营企业。在先行示范区政策的激励下,政策层面要强力扶持深圳的民营企业有效提升创新动力和能力,民营企业自身更要强化内在改变,以创新型运营机制、创新型产业链、创新型产品、创新型服务来应对日益开放、日益升级的国内国际市场竞争,这是深圳未来继续发展的核心动力。

三、经济结构的突破

深圳是制造业立市,深圳的制造业,特别是高新技术产业的制造能力和总量在全国大中城市中名列第一。深圳力图在全世界创造一种新的先锋城市发展模式,那就是以30%甚至以上的制造业占比成为全球标杆城市。但是我认为,深圳若要成为全球性经济中心城市,就必须在制造业这个业态上有所减弱,转而大幅提升高端三产服务业,特别是直接为科技制造业提供服务的三产,包括高科技研发、科技金融、科技贸易、科技培训、科技交流等科技类服务业。同时,深圳也需要保留一部分顶级的、高端的、精密的制造业部分,包括研发试验性制造部分,这也是合理的产业分工,但是,的确不合适大面积保留普通制造业。从这个意义上说,近年来不断有普通制造业外迁就是正常的事,完全不必觉得奇怪。

四、金融地位的突破

深圳在全国的金融城市排位中一直保持在第三位,仅次于北京、上海,甚至在国际金融城市的排名近期也大幅上升,进入全球前十,排位第九。然而,深圳的实际金融影响力仍然受到多种力量的牵制。我认为,建设先行示范区,深圳的金融地位必须实现高位突破,其中的关键是做好五点:①利用前海扩容,强化人民币国际化先行试点工作,要让前海成为国家人民币国际化试验的核心窗口,并与港澳形成良性互动。②开展科技金融试点,加强金融科技载体建设。这是大湾区规划纲要对深圳的特别要求。深圳未来的发展重点一定是科技创新,这是深圳的优势,也是大湾区的希望所在。但是,做全球顶尖科技创新,必须要有雄厚的金融力量支撑,所以,深圳要立足做大做强科技金融产业,要力争设立国家级的科技银行。③积极推进数字金融产业发展。关于先行示范区的那份《意见》对深圳引领性发展数字金融给予了充分支持,例如,数字货币的研究和推广这方面要充分利用腾讯"企鹅岛"的优势来强力推进。④海洋金融的发展。中央已经提出深圳要建设海洋银行,这是非常重要的先发领域,深圳要抓好机遇。⑤保持资本市场的大体量、多元化、先发性优势,为中国直接融资市场大发展创造成功经验和最大平台。

五、城市价值的突破

深圳从40年前成立经济特区开始,一直秉持经济改革、市场推进的城市价值,取得了巨大成就。但是在先行示范区架构下,城市价值面临全面突破和升级,要由单一的经济价值升级为城市经济、社会、文化综合性价值的均衡化。这具体包括四个方面:一是营造彰显公平正义的民主法治环境,优化政府管理和服务,促进社会治理现代化;二是塑造展现社会主义文化繁荣兴盛的现代城市文明,全面推进城市精神文明建设;三是形成共建共治共享共同富裕的民生发展格局,大力补上住房、教育、医疗等社会发展的重大短板,完善社会保障体系;四是打造人与自然和谐共生的美丽中国典范,完善生态文明制度,构建城市绿色发展新格局。

2019 年 8 月 28 日

深圳金融能否实现先行示范？

2019年8月29日，也就是《中共中央 国务院关于支持深圳建设中国特色社会主义先行示范区的意见》正式发布后仅仅11天，中国人民银行行长易纲就来到深圳，与深圳市领导共同探讨如何落实中央部署。这让人联想到金融业在深圳的地位：深圳金融是要真正先行一步吗？

我们知道，深圳的金融地位是非常微妙的。当年设立经济特区时，中央人民银行曾经在深圳成立了经济特区分行，地位不低。然而，其后来又降格为中心支行。在之后的所有来自中央和深圳的重要文件中，包括半年前推出的《粤港澳大湾区发展规划纲要》（以下简称《纲要》）和这次的《意见》，其中都没有提到深圳要建设"国际金融中心"这个关键定位。而一直以来，深圳在金融领域的地位也并没有特别突出。

但是，深圳在金融领域一直是有大抱负的。其一，金融业是深圳确定的四大支柱产业之一，2019年上半年，金融业给深圳GDP带来的增加值占13.7%；深圳的本外币存款总量在全国排在京沪之后，名列第三位；深圳不但有全国两大证券交易所中的一所，而且在私募、基金、保险、信托、融资租赁、财富管理等重要的金融分支领域都有相当实力。其二，深圳长期以来对金融业的创新发展一直予以大力扶持，例如，在发展金融总部经济、创新金融业态、丰富金融市场层级、培育创新型金融机构及业务、完善配套金融支持体系等方面，都有一系列的强有力的政策扶持。其三，深圳的金融业是全国最活跃的，资金融通的实际效益很高。其四，深圳金融在国际国内权威评比中占有比较高的地位，例如，在第25期全球金融中心指数（GFCI 25）榜单的全球102个城市中，深圳排名第14位。

从这次中央发布的《意见》看，尽管仍然没有提到建设"国际金融中心"，但是给深圳提出的金融重任一点都不轻，细数下来，共有以下十点：

（1）探索知识产权证券化，规范有序建设知识产权和科技成果产权交易中心。

（2）提高金融服务实体经济能力。

（3）研究完善创业板发行上市、再融资和并购重组制度，创造条件推动注册制改革。

（4）支持在深圳开展数字货币研究与移动支付等创新应用。

（5）促进与港澳金融市场互联互通和金融（基金）产品互认。

（6）在推进人民币国际化上先行先试。

（7）探索创新跨境金融监管。

（8）探索设立国际海洋开发银行。

（9）进一步深化前海深港现代服务业合作区改革开放。

（10）发展绿色金融。

如果加上《纲要》中提出的支持深圳发展以深圳证券交易所（以下简称"深交所"）为核心的资本市场、加快推进金融开放创新、支持深圳建设保险创新发展试验区、推进深港金融市场互联互通和深澳特色金融合作、开展科技金融试点、加强金融科技载体建设等内容，则深圳的金融业创新发展潜力和前景是不可估量的。

以下五个领域是尤其值得关注的：

第一个值得关注的是关于人民币国际化的先行先试。中国未来的发展，关键的突破点就在人民币国际化。目前中国已经是世界第二大经济体，全球最大贸易进出口国，但是，人民币在国际上的地位仍然不够高，中国经济仍然要受到全球货币霸主——美元的钳制。从全球货币影响力看，美元占比超过60%，而人民币仅占不到3%。中国未来真正意义上的经济国际化成长，重点在于人民币能否实现国际化。这个实验权就交给了深圳，责任非常重大，这也凸显了深圳在中国金融领域的地位。

第二个值得关注的是数字货币的创新应用试验。目前在国际上，数字货币顺应了数字时代的客观发展趋势，正在快速发展，中国一定要在这个先锋领域实现占位和突破。鉴于深圳在数字经济领域的领先地位，其也拿到了这个宝贵的试验权。

第三个值得关注的是两大国家级银行设立的信息。半年前的《纲要》提出加强金融科技载体建设，其实就是建设国家科技创新银行，这次的《意见》又明确提出探索设立国际海洋开发银行。这无疑是深圳金融业未来发展的重大事件。从中国未来经济的发展前景看，科技创新和海洋经济都是重中之重，如果深圳能扛起建设这两大国家级银行的重任，对深圳金融地位的提升将起到巨大的支撑作用。

第四个值得关注的是探索知识产权证券化。在中国，资产证券化是大势所趋，是社会主义市场经济向高端化方向发展的重要表现。而知识产权的证券化更是位于资产证券化的高层级上，把这个重要领域的交易中心放在深圳，必将成为提升深圳金融业品质的重要抓手。

第五个值得关注的是发展绿色金融。尽管《纲要》提到支持广州建设绿色金融改革创新试验区，研究设立以碳排放为首个品种的创新型期货交易所，但是深圳在壮大绿色产业、促进绿色消费和发展绿色金融方面也是走在全国前列的，完全可以在绿色金融领域实施更大力度的创新，走出自己独特的发展道路。

可见，尽管《意见》中并未提到深圳建设国际金融中心的定位，但是，易纲已经来到深圳，显然央行已经从这份重量级文件中看到了深圳在金融领域创新发展的巨大潜力，他们也期待深圳为中国金融领域的创新突破做出应有的贡献。

我注意到，深圳市政府于 2018 年 12 月 21 日发布的《深圳市扶持金融业发展的若干措施》中提出，加快建设国际化金融创新中心。这个提法很好，没有国家授权的"国际金融中心"招牌，那就自己挂一个"国际化金融创新中心"吧，也许这个"国际化金融创新中心"借助《意见》的东风，真的会异军突起，在国内甚至在国际上产生重大影响。那时候，从来没有获任"国际金融中心"角色的深圳，也许依托金融创新，会在事实上成为一个创新型的国际金融中心。无论怎样，还是让未来的事实进行检验吧！

2019 年 8 月 31 日

先行示范区背景下深圳房地产
会重回"中心"位吗？

近日，深圳楼市突然出现了一种现象，四个新盘开盘，最高销售九成，最低都有五成，再次打破了5月份以来的走低态势。

这也许会使人想到2019年8月18日出台的重磅文件《中共中央 国务院关于支持深圳建设中国特色社会主义先行示范区的意见》，这份文件对于深圳来说，显然是使深圳再一次站在时代浪潮之上的推动力。然而，这次的先行，是否涉及房地产？先行示范区政策下房地产会重回"中心"位吗？

我们还是先来看一看《意见》里面关于房地产究竟说了些什么：

（1）在"战略定位"的第四点"民生幸福标杆"的阐述中提到4个字：住有宜居。

（2）在"率先形成共建共治共享共同富裕的民生发展格局"的第二点"完善社会保障体系"中有这样一句阐述："建立和完善房地产市场平稳健康发展长效机制，加快完善保障性住房与人才住房制度。"

可见，《意见》涉及房地产的阐述一共有两处，40个字，而且，主题非常明确：保障民生。如何在住房方面保障民生呢？一是靠长效机制，二是靠完善保障性住房，三是靠宜居环境。关于房地产市场，核心字眼就是6个：平稳健康发展。

在长达4600多字的文件中，有关房地产的阐述一共才40个字，而且主要是讲保障民生，可见，在先行示范区背景下，深圳的房地产业应该不会回到当年那种万众关注、炒房兴盛的时代去了，这应该是一个基本研判。深圳未来发展的重点，一定是中国特色社会主义先行示范区、全球标杆城市、大湾区乃至国家经济社会发展的核心引擎、科技创新和科技金融、高质量发展高地、法治城市示范、城市文明典范、民生幸福标杆、可持续发展先锋。

那是不是可以说，在先行示范区建设的背景下，房地产这个曾经大出风头的产业真的在深圳变得不那么重要了呢？我的看法很明确，肯定不会。为什么？因为房地产和基础设施建设一样，是国民经济的基础性产业，发展经济，就一定会有盖房子的事，无论是住宅还是办公楼，无论是商业建筑还是公共设施建筑，都是房地产，这个产业会永远存在、永远重要。在国民经济的发展体系中，可以不把房地产放在很显眼的位置，但是也不存在所谓"不重要"的问题。在先行示范区背景下，深圳必然要大规模发展国家战略性新兴产业和先进产业，要实施大规模的城市更新，要创建宜居宜业宜游的优质生活圈，这些事情都离不开房地产业的基础性贡献。

深圳房地产行业的现状和潜力在全国仍然非常突出，对于这一点，那些房企看得最明白。

如果了解一下深圳住房市场的现状，就更清楚房地产业在深圳的重要性了。那些无红本房的市民，他们总是期待有一天能住进真正属于自己的房子里，这样的心情是完全可以理解的，他们在未来不断寻找住房的行动也是正常的，楼市活跃程度的表现就是在这种无法阻止的看房买房过程中形成的。

所以，在多数情况下，对深圳房地产业的研判都不能照搬国内一般情况的经验。

这种现状意味着，深圳房地产仍然有巨大的潜力，楼市仍然有相当强的上行的冲动基础，这一点必须明确指出来，无须遮遮掩掩。当前仍然坚守的政策调控，其实就是一种平衡力量，以避免楼市出现失控现象。

但是，调控毕竟是被动的，往往是"扬汤止沸"性的，关键还是要"釜底抽薪"。那应该怎么做呢？深圳已经推出了二次房改措施，把每年住房建设任务中的60%分配给保障性住房（包括人才房、安居型商品房和公共租赁住房），给商品住房的份额只有40%，而且中小户型占大部分。如果深圳在未来能够真正每年落实保障性住房的任务，那么，首次刚需和改善型刚需的住房问题就会逐步得到解决，商品住房市场上的调控压力就会明显缓解，那些短效性的调控手段就可能退出调控通道，最后还是让市场来决定商品住房的价格走势。就保障性住房和商品住房的关系来讲，互不干扰，这恐怕是最好的楼市发展前景了。

而我担心的是，按照深圳关于二次房改提出的总任务，从2018年到2035年的17年间，深圳总共提供的住房总量本来就不太大，加上土地供应及建设方面的问题，也许每年都达不到保障性住房供应任务。如果保障性住房供应无法满足刚需，他们就不得不继续在商品住房的供需中寻找机会。这种情况下，商品住房领域的调控政策就很难退出舞台，短效机制不得不继续起关键作用，从而使长效机制无法正常发挥作用，商品住房也就无法真正回归市场运行。

其实，对深圳来说，有没有先行示范区这个背景，它的房地产业都会继续发展，楼市都会继续在市民的常态化关注中前行，只是楼市炒作之风大概会退出市场罢了。先行示范区由于承载了国家给予的更多、更大的责任，其房地产业发展的空间更加广阔。预计未来深圳的人口和资金进入的速度和总量仍然保持高位，产业升级和城市更新的速度会明显加快，房地产的作用也不会削弱，只会在更高水平上发挥作用。相应地，楼市会在"房住不炒"战略的引导下保持相对平稳运行。

所谓"高房价"现象虽然让很多人难以接受，但可能成为一种常态化存在，使那种意图通过打压方式解决高房价问题的想法很难实现。从未来趋势看，深圳房价在总体平稳态势下，不排除受时局或突发性调控的影响可能会出现局部小幅下跌，但大概率则是间歇性、稳步性的小幅上升（特别是中心片区或中心地段的物业，其价格相对更坚挺，上升空间也更大，这是城市化规律所决定的）。总之，深圳的房地产业还是稳定健康前行最好。

2019年9月3日

会展经济将引领深圳先行示范区实践

2019年8月18日,《中共中央 国务院关于支持深圳建设中国特色社会主义先行示范区的意见》隆重发布,这是深圳改革开放40年来最强有力的一次政策扶持,是大湾区规划纲要出台后对深圳作为大湾区核心城市地位的明确界定,对于深圳未来的政治、经济、文化、社会发展具有难以估量的深刻影响力。

《意见》发布以来,深圳各界热议发展前景,都发出了做大做强的声音,要做深圳先行示范区的先行者、示范者和引领者。在林林总总的行业发展趋势中,我认为,深圳即将投入使用的全球最大的国际会展中心将促使会展经济成为引领深圳先行示范区的重要经济形态之一。因为,当前的全球化形势正在发生巨大变化,中国将成为全球化升级的重要力量,上海进博会(中国国际进口博览会)的强力推出表明,中国的国际贸易将改写全球贸易金融历史,在这个重要时刻,位居世界规模前列的深圳国际会展中心的登场无疑会成为全球贸易及金融升级中的一支不可忽视的力量。

一、全球会展经济100多年来的发展历程

人类数千年历史就是一部商业经济文化扩张史:由自然经济迈向商品经济,由以物易物迈向货币支付,由农商集镇迈向工商都市,由陆路贸易迈向海洋贸易,由零散商贸迈向会展经济,由会展城市迈向世界城市。会展业对整体经济有1:9的拉动作用,这表明,当代会展经济蕴藏着巨大能量。

当英国伦敦1851年成功举办第一届世界博览会时,没有人会想到英国会成为世界会展业的发源地,英国开启的是无与伦比的人类社会近170年的会展时代。近年来,全球会展行业以高于5%的年复合

增长率进行增长，全球会展业市场规模已经达到数百亿美元，拉动贸易成交额数万亿美元。

欧洲凭借大航海时代形成的海洋贸易优势率先发力，成为全球会展业的中心地带。德国、意大利、法国、英国都已经成为世界级的会展业大国，规模较大的展览场馆大多集中在欧洲，绝大多数世界性大型展览会和行业顶级展览会都在欧洲举办，专业贸易展览会占世界总量的60%以上。其中德国尤为特殊，号称"世界展览王国"，拥有23个大型展览中心（其中超过10万平方米的展览中心就有9个），全球前5位的展览中心德国有4个，展览总面积达240万平方米。在世界上几个会展业大国中，德国举办的专业性国际展会数量最多、规模最大、效益最好。德国每年要举办400多个国际展会，全世界范围内影响较大的210个专业性国际贸易展览会，几乎有2/3在德国举办。德国展览机构在全世界的办事机构达386个，已形成了全球化展览网络。德国会展业的鲜明特点是许多专业性展览会都是依托城市产业发展起来的，例如，工业重镇汉诺威的工业博览会，杜塞尔多夫的国际印刷、包装展，旅游城市纽伦堡的玩具展，等等。

东亚会展业的规模和水平仅次于欧美。日本也是世界展览强国，曾经四次举办世界博览会，东京、大阪的展览中心是日本最大的。新加坡的国际展会规模和次数均居亚洲第一位，同时排在世界第五、第六位。中国的香港也是著名的国际会展之都。

改革开放以来，中国开放型贸易迅猛发展，已成为世界第一贸易大国，与之相应，中国会展业也得到了快速发展。2016年，中国举办展览9892场，较上年增加6.56%；展出面积13075万平方米，较上年增加10.82%。据商务部测算，展会经济直接产值接近5000亿元人民币。我国单体会展设施大型化趋势明显，在建、待建场馆单个平均面积均超过10万平方米，我国专业展览馆数量及可租用面积也逐年增长。2016年，中国共有专业展览馆156个，比2015年新增20个；室内可租用面积约823万平方米，比2015年增加约176万平方米。中国会展业得益于开放和国际贸易大发展仍然在快速推进，同时，其正向专业化、国际化和品牌化发展。

自首届世界博览会举办以来近170年的历史表明，会展业是当今各国开放、交融、互惠的重要平台，一个大型会展中心常常会成为一个城市的地标和经贸文旅的重要地点，一个拥有大型会展业的城市也会成为一个国家对外经济文化交流的中枢。尽管我们看到近来美国实施单边主义、制造贸易摩擦等，但是，依托国际经贸文化交流而生的会展业丝毫不会退缩，仍将在全球化过程中扮演极为重要的角色。未来的中国乃至全球会展业的发展势不可挡，必将迈向更广阔的前程，世界将因会展经济的大发展而诞生出更多的全球化城市。

二、深圳会展经济的顽强成长历程

深圳的身边是100多年以来形成的全球自由贸易港——香港，即便在40年前，深圳也展露着中国重要对外贸易口岸的形象。20世纪80年代初，深圳工业大规模崛起，基于工贸大整合形势日益迫切的需要，深圳会展业横空出世。

1988年6月28日—7月8日，深圳举办了首届"荔枝节"，这标志着深圳会展业的起步。1989年6月2日，深圳第一个大型综合性展览中心——深圳国际展览中心落成。1998年，深圳市全年举办展会数量增加到40个，平均每年以27.5%的速度递增。1999年，首届"中国国际高新技术成果交易会"（以下简称"高交会"）举办，"高交会馆"落成。2003年，深圳全年举办展会数量60多个，4年间增幅达37.7%。2004年，斥资32亿建成的深圳会展中心投入使用，深圳会展业进入高速发展期；深圳市政府出台国内第一个《关于发展深圳会展业的意见》，提出创建"知名会展城市"的目标，会展业正式作为一个新兴产业被纳入深圳市产业发展规划；该年11月18日，首届中国（深圳）国际文化产业博览交易会（以下简称"文博会"）举办，高交会、文博会双雄齐飞的大会展时代来临；在2004年，深圳会展中心举办过72个展会，展览面积99万平方米。2014年，深圳全市展会数量达123个，展览面积312万平方米，在国内位居第四。

目前，深圳市会展企业有1000多家，上下游相关企业近3000家，从业人员达10万人。在2014年时，深圳市商业性展馆有5个：深圳会展中心，10.5万平方米；华南城国际会展中心，4.07万平方米；深圳体育馆，5.0万平方米；深圳南山体育馆，6.0万平方米；龙岗大运中心，6.0万平方米。此外，还有一大批非商业性展馆和艺术类展馆。也正是在2014年，中国会展业出现了重大变化，国家会展中心（上海）的投入使用，使中国会展业的发展格局有所改变，对深圳展览业而言，其影响尤甚。上海室内展馆面积达到85万平方米，超过广州、北京、深圳，跃居全国第一，随后，中国会展业呈现"北展南下，南展东上"大潮，深圳大型展览纷纷移师上海，深圳会展业面临空前挑战，会展业的一些弱势也凸显了出来。

深圳会展业的落后局面通过以下数据明显显示出来：

第一，是会展业综合指数，深圳仅是上海的1/4.8，北京和广州的1/2.4，成都的1/1.5。

第二，是会展业国际合作指数，深圳仅是上海的1/4，北京的1/3，广州的近1/2。

第三，是国际会议指数，北京100，上海76，成都14.4，广州8.7，深圳0。

第四，是会展专业竞争力指数，深圳仅是上海的1/3.5，北京的近1/3，广州的1/2。

第五，是城市会展业竞争力指数，深圳仅是上海的1/2，北京的1/1.5，广州的1/1.3。

深圳通过38年改革开放的高速发展，取得了制造业向智造业的大幅提升，得到了进出口贸易总额连续近30年的全国第一，会展经济水平大幅提高，然而，深圳的会展业发展与别处竟然存在如此明显的差距，问题出在哪里？或许是因为会展经济的空间不够。2011年深圳展览总面积已达256万平方米，2015年深圳展览总面积为273万平方米，4年仅增长6.6%，与"深圳速度"不协调，与全球或者国内那些著名的会展中心城市相比，深圳会展业急需引爆空间价值。

后来，经过2014年、2015年深圳会展业的产业沉淀和战略思考后，2016年9月，深圳国际会展中心——全球最大会展中心在深圳西海岸破土动工，这个世界会展业的巨无霸工程一经出世便惊艳全球。整整3年之后，2019年9月，深圳国际会展中心以恢宏气势华丽现世，它必将以当代高价值的创新型会展经济格局载入世界会展业的史册。

深圳国际会展中心将带来怎样的巨大变化？这里将以绿色生态化会展空间规划设计锁定蓝图，将完整地融入"互联网+"的现代产业及消费模式，将形成45平方千米的会展新城，将形成300万平方米的会展航母综合体，将成为面积50万平方米的世界最大室内展馆，将形成单日最高50万～60万人次的预计人流量，将形成不可估量的综合生态、经济、社会效益。深圳的会展经济将以深圳国际会展中心为龙头，以傲视全球的姿态出现在世界会展经济的舞台上。

三、深圳因国际会展中心而呈现的会展经济十大态势

深圳国际会展中心以及即将出现的数十平方千米的会展城将强力推进深圳会展经济新一轮的大发展，并展现出十大趋势。

（一）深圳投资中枢地带大转移的全新制高点

深圳改革开放近40年来，曾经出现过一系列投资发展的重心地带，投资重心一直在转移。最早是罗湖口岸一带，标志就是代表"深圳速度"的3天一层楼的国贸大厦；之后，深圳发展一路向西，先是在20世纪90年代末抵达福田，诞生了福田中心区；后来，随着前海深港现代服务业合作区以及前海蛇口自贸片区的崛起，南山的深圳湾以及前海湾成为深圳投资的重心；在特区一体化过程中，城市中轴龙华成为新宠，以高铁北站为核心形成深圳城市北部中心；在东进战略中，龙岗、坪山也引起投资界的巨大关注，成为异军突起的区域发展"黑马"；近期，随着粤港澳大湾区建设以及社会主义先行示范区建设的强力驱动，深圳的投资目光再一次瞄准西线，这次是由前海

北上，向大空港方向推进，这片将近100平方千米的土地由于位于大湾区核心地带，一时风头无两，特别是这个全球最大的国际会展中心项目，把这个片区的投资价值凸显了出来。显然，深圳作为国际重要的会展经济的领袖城市，这个会展中心必将扮演无可替代的角色。

（二）大湾区港深莞穗主轴湾线上中位枢纽地

港深莞穗这四大城市构成了粤港澳大湾区的中轴线城市带，人口4500万，约占大湾区总人口的65%；本外币存款27万亿元，约占大湾区存款总量的90%；科技、金融、互联网等核心产业规模占大湾区的80%；2018年GDP增加值总量将近8万亿元，约占大湾区的3/4。而国际会展中心所在的片区就在这条大湾区最重要的城市带的中心位置，可见其地位和价值非常重要。

（三）大湾区全系列大交通门户开放核心集散地

目前，有大约2000亿资金集中进入国际会展中心邻近的地区，用以构建大湾区大交通核心门户枢纽和30分钟经济圈。大空港将打造全球120个主要城市的12小时经济圈，建设机场东高铁站，形成陆空一体化综合枢纽；7条地铁线及1条大湾区城际轨道线形成强大轨道网；福永码头及大空港码头实现海陆空联运态势；3条高速公路、2条跨江通道及若干普通公路构成强大的陆路交通网。这个强大的交通网络形成后，深圳的国际会展经济将全面爆发，影响力将大幅提升。

（四）国际资本与高端产业将再次形成高密布局

深圳国际会展中心一带的全球顶级高端商务产业链属性已经确立。大量国际国内大资本正在寻找目标，实施战略布局，目前，人工智能、物联网、航空航天、海洋经济等高端产业纷纷进入，将与光明区联手打造大湾区乃至国内最强阵容的高端产业中心，也将深刻改写大湾区高端产业的基本布局，并且形成大湾区城市群的中枢区位。

（五）全球会展业最大规模地和最新领军地

深圳国际会展中心室内展馆面积达到50万平方米，一举超过德国汉诺威，成为全球第一，其由两大央企联手开发，一步跨入全球超一流的水平。45平方千米会展新城将形成大湾区新的商务枢纽地带，深圳将一举超越北上广成为全国第一的会展产业城市，同时也是全球最大会展城市。大量国际性会展活动将不断进入，创新一系列会展商务类活动，使深圳成为全球会展业当之无愧的领军地。

（六）未来全球高科技技术及产品最大交易博览地

未来深圳乃至大湾区的核心产业将是全球顶级科技创新产业，大湾区取胜全球著名湾区的核心竞争力就是科技创新，大湾区的科技研发和制造能力已经进入全球前列。深圳国际会展中心的诞生，必将强力助推大湾区科技创新产品对接国际市场，同时，也将成为吸纳全球高科技产品进入中国的集散地，这里必将成为未来全球高科技技术及产品的最大交易博览地。

（七）大湾区国际贸易会展文旅极品新城

深圳国际会展中心是招商的国际商贸和华侨城的综合文旅两大优势结合的产物。这里将成为国际上最引人关注、人流量最强的商旅空间，预计未来每年的商贸文旅人次将超过1000万，数百个大中型会展将形成数万亿的交易总额，会展旅游的直接收入将超过200亿元，将带动相关产业收入超过1800亿元。这些预示着深圳国际会展中心将成为大湾区国际贸易会展文旅的极品新城。

（八）深圳乃至大湾区世界级商务价值新地标

深圳国际会展中心的诞生将极大地改变深圳乃至大湾区的商务产业布局，这里将以全球会展文旅业为龙头，形成全流程商务产业的集聚，一些著名的国际商务企业将把总部及地区总部迁入，全球大量商务会展文旅企业会在这里寻求驻点及合作，深圳国际会展中心必将成为深圳乃至大湾区的世界级商务价值新地标。

（九）先行示范区概念下最具品牌形象展示力的地区

由于全球最大国际会展中心的诞生，这里必将成为全球商贸文旅的聚焦点。深圳作为先行示范区，必然会强化会展湾的全球商贸文旅消费核心引领功能，国际会展中心的巨量物象空间本身将成为一种独特的品牌形象地标。这里将成为奠定粤港澳大湾区在全球贸易会展业中占据超级地位的基石，成为推动中国会展业迈向世界强国的风向标，成为世界各国与中国"一带一路"倡议有机衔接的重要经贸纽带，成为世界经济贸易在深度全球化时代下的全新战略平台。

（十）大湾区的核心潜力价值高地

从深圳角度看，深圳总共拥有 260 千米的海岸线，东部大鹏湾、大亚湾 160 千米。西部深圳湾、前海湾和空港湾 100 千米。西部湾区是都市湾区属性，经济价值远远高于东部湾区。以前，西湾重点在深圳湾以及前海湾，大湾区战略启动后，位于西湾北部的大空港一线重要性日益提升，大空港北部的会展湾成为西湾地带的潜力价值高地。

从大湾区角度看，由于深圳国际会展中心一带位于大湾区最重要的核心地带，长远来说，此地必然因会展及其相关的核心商务产业链而成为投资者青睐的地方，因而也必将成为大湾区的核心潜力价值高地。

2019 年 9 月 17 日

第二章

转型升级：深圳的大趋势

第二章
转型升级：深圳的大趋势

创新让深圳实现跨越式发展

不久前召开的深圳市第六次党代会明确提出，要勇当"四个全面"的排头兵，努力建成现代化国际化创新型城市。这无疑是一个十分鼓舞人心的战略目标，我认为，这个战略目标中最关键的一个词是"创新"。没有创新，就没有深圳的现代化；没有创新，就没有深圳的国际化；没有创新，就没有深圳的未来。

事实上，深圳自20世纪80年代初被国家创立为经济特区后，就走上了艰苦卓绝的创新发展之路。国内没有现成的经验，深圳必须在一系列领域不断探寻新的、不同于以往国内传统路线的新型道路，才能有效推进特区的发展。深圳的创新集中表现在以下七个方面：

第一，体制创新。深圳经济特区启动时，面对的是实施了几十年的计划经济体制，这种体制无法适应对外开放的发展要求，深圳大胆在外贸出口、招商引资、经济管理等领域推进市场机制的转换，极大地促进了经济的发展。

第二，行政创新。计划经济体制下，政府的作用非常重要，甚至几乎是包办性质的。深圳市政府从特区建立伊始，就积极借鉴国际先进经验，大胆实施行政管理改革，营造了独特的"小政府、大市场"的行政管理格局，政府不再包办一切，把更多的市场行为留给企业、留给市场、留给社会，政府只做好"守夜人"的角色。

第三，企业创新。与行政创新相呼应，深圳的企业，无论是国有，还是民营，都不断在管理运营机制体制上进行创新改革，从而逐步摆脱传统的对政府的依赖，更多地导向市场化。正是企业长期以来的创新改革，才涌现出一系列在国际国内拥有很高地位的本土创造的国际性企业。

第四，市场创新。市场是机制，是平台，是舞台，30多年的特区发展历程，上百万经济实体的创业前行，都离不开市场的孵化和培育。从初级市场化到深度市场化，深圳的市场也是一路通过创新发展起来的。市场创新不断积累市场经验，促进市场规则的完善，使深圳的市场日益强大。

第五，产业创新。深圳最初的产业主体是"三来一补"。经过30多年的创新发展，深圳的产业链已经非常强大，不但有雄冠国际的科技制造业，还有一大批在国内处于领先地位的第三产业，如金融业、物流业、商贸业、旅游业、信息服务业等。

第六，科技创新。深圳在制造业不断更新升级的基础上，通过科技创新，不断壮大制造业的国际地位。深圳的国际专利申请量、科技成果转化率在全国都是遥遥领先的，深圳的高交会已经成为深圳科技创新发展的风向标。

第七，文化创新。深圳的文化创新几乎是在一个所谓的"文化沙漠"上展开的。没有北京、西安那样深厚的文化底蕴的深圳，没有在文化创新方面服输，而是最大限度地发挥其市场化、国际化的优势，使自身成为受到国际认可的设计之都。深圳的文博会已成为国内最具影响力的文化盛会。

当前，我国已进入大众创业、万众创新的时代，李克强总理在年初考察深圳时，去了三个地方，都和创新有关：一是前海微众银行，是金融创新；二是华侨城创意园的火柴创客，是文化创新；三是华为公司，是科技创新。国家高层的深度关注表明，深圳已经成为国内创新动能和力量最强大的城市，对引领和带动全国的创新发展具有非常重要的作用。

面对我国新常态条件下的创新发展，深圳作为国家创新型城市，其创新战略显得极为重要。我认为，深圳未来急需在以下七个方面进行更深、更广、更高层级的创新发展：

第一，国际化创新。过去深圳的对外开放，更多局限于与香港的合作。未来深圳要走向深蓝，走向更广阔的国际舞台，要在更多的领域中推进国际交往合作，使深圳真正融入国际社会，成为国际化模式的引领者。

第二，大金融创新。深圳前海已经全面展开深港现代服务业的合作试验，重点是推进金融领域的国际合作发展，推进人民币的国际化。自贸区成立后，深圳的大金融创新格局形成，深圳必须利用其优越的地位和体制，全面推进大金融创新发展，为国家的金融国际化和人民币国际化做出重要贡献。

第三，法治化创新。深圳过去已经进行了大量的法治建设，但是相对于当下的新常态发展，仍然存在一些薄弱环节。成熟的市场经济必然是法治经济，深圳需要在未来加大改革创新力度，按照国际水平把深圳建设成具有明确法治精神和法律体系的、严格实施法治监督的法治化城市。

第四，深度市场化创新。深圳的优势是市场化，但在新常态下，市场的环境在变，深圳仍然需要适应形势，进行更深层次的市场化试验和探索，让深度市场化孵化出深圳更高层次的产业链。

第五，国际品牌创新。深圳已经有一些企业和产品进入国际市场，并且形成一些国际认可的品牌，但规模还不大。深圳应该积极推进品牌的国际化建设，让更多的深圳品牌立足国际化发展。

第六，民生价值创新。深圳的城市建设和社会发展方面仍然有很多不足，例如，医疗条件、教育条件、城市管网建设等。这些都是事关民生的重大事项，必须全面提升其创新力度，助力改善民生。

第七，人文精神创新。"时间就是金钱，效率就是生命""来了就是深圳人"等人文精神，曾经给深圳带来极高的荣誉感。面对新常态，深圳的人文精神也面临进一步的创新，要让更新、更深刻、更包容的人文价值和精神指导深圳走向新的辉煌。

创新让深圳实现跨越式发展，过去如此，未来也将如此。

2015 年 6 月 9 日

通过八大趋势读懂明天的深圳

去年以来，深圳在全国最引人注目的莫过于大涨的房价了。一路领先的房价似乎是一种不够正面的现象；但是，我们又看到一线城市以及一些强二线城市羡慕的目光。它们羡慕的是高房价吗？当然不是，他们羡慕的是深圳高房价背后的城市竞争力和城市能量。虽然深圳的高房价可能有供需失衡、货币供应量大以及投资投机力量的助推，这些方面政府应该加强应对措施，但是平心而论，深圳良好的经济基本面、快速提升的城市价值以及被广泛看好的社会预期构成了推动房价向上的本底动力。所以，在深圳高房价引发广泛担忧和质疑的情况下，非常有必要对深圳这座特殊城市的发展机理和发展趋势做一个综合研判，让大家真正读懂明天的深圳。

我归纳了一下，大概从八个方面谈一谈深圳的发展趋势。

一、以高度市场化机制长期站在中国发展最前沿

中国改革开放30多年的经验概括为一个词，就是"市场化"，党的十八大已经总结出来了：让市场起决定性作用。深圳是骨子里践行"市场起决定性作用"的中国城市。它30多年来最成功的发展经验就是"小政府、大市场"，政府也有干预，但主要是在市场失灵的地方干预，这恰恰是政府看不见的手应该出手的地方。应该说，中国城市的强弱，很大程度上在于对政府的依赖程度。深圳拥有较强的不依赖政府保护的营商环境，这恰恰倒逼企业在市场竞争中茁壮成长。深圳诞生了一些让各个城市羡慕不已的国际著名本土企业，这些都是市场机制的产物。我们知道，中国正在竭力争取国际上对中国市场经济地位的承认，如果国际社会不承认中国市场经

济地位，受伤最大的城市就是深圳，为什么？因为深圳的市场化在国内最成熟，不承认的结果会导致深圳的市场价值无法得到国际社会的认同，发展当然会受阻。所以说，高度市场化已经成为深圳在国内城市竞争中的首要力量，这也是深圳能够长期站在中国发展最前沿的基本原因。

二、以全境中心化布局形成珠三角大都会区核心城市

珠三角是中国改革开放最早发展起来的地区，现在正在成长为国际上著名的东方三角洲大都会区。珠三角历史上传统的中轴线是由广州至香港这条线，但是，随着多年来坐落于两大都市中间的深圳的快速崛起，原有的"穗港"中轴线正在演变为"穗深港"中轴线。与此同时，近年来，"穗港强、深圳弱"的传统格局开始有所改变，这让深圳有了一些机遇，有可能成为珠三角全面国际化格局下真正意义上的核心城市。当深圳的区域定位是成为珠三角的核心城市，那么从内部功能分化看，深圳狭小的城市空间将很难容下低端产业和外围产业，必将迈向全境中心化。深圳近年来不断成立新区，就是以片区规划创造新的城市中心，新区机制大大有助于快速推进片区高端商务以及其他公共服务业的发展，形成片区中心化的格局。各个片区差异化地形成中心化，也就是在推进全境中心化和核心化，一个真正意义上的珠三角核心城市正在形成。

三、以创新导向化引领中国迈向世界产业分工高端位置

深圳强大的市场化机制培育了强大的创新内在动能，使深圳由历史上仅具有低成本优势的"发展中"模式转向具有创新优势的"发达"模式。现在，深圳正在华丽转型为国家创新型城市。彰显创新价值的国际专利申请量，光深圳一个城市就几乎占据了我国总

量的半壁江山。中国在世界产业分工中的区位中枢过去长期处于低端位置，说白了就是在国际合作中，别人赚的是品牌和技术含量的大头钱，我们赚的是地皮和劳务的小头钱。现在这样做不行了，尤其是深圳，土地、人工成本高企，已经失去成本优势，必须由依赖低成本的低端发展模式转型为依赖资本的中端模式和依赖创新的高端模式。深圳目前已经建立了较为系统的创新体系和创新模式，已经成为国家创新型城市，未来必将以创新价值协同引领中国迈向世界产业分工的高端位置，为国家创造更高的国际收益，形成更高的国际地位。

四、以金融资本化构建国际水平的经济发动机

当今世界，美国依仗美元独一无二的国际货币地位，一直在搞金融霸权，从黄金美元到石油美元，现在又开始涉及碳美元。国际上最有地位的城市都是金融资本性的城市，例如，纽约、伦敦、香港、新加坡等。北京、上海、深圳三座城市是国家级金融资本城市，其中深圳的货币存量、流通量、活跃度、金融效益等重要指标排在全国第三位，并且仍然在快速增长，日益靠前，深圳正在以金融资本化构建国际水平的经济发动机。今天，离开资本属性就无法解读包括房价在内的深圳的任何经济现象。去年深圳的房贷总额累计达到6000亿元以上，一举超过北京、上海，成为全国楼市杠杆率最高的城市，充分反映了深圳金融资本的活跃度。有人对此表示担心，其实大可不必。深圳楼市的杠杆率按照国际水平看并不算高，而且有着发达国家没有的高储蓄率作为后盾。15平方千米的前海，过去几年竟然登记注册了超过5万家企业，注册资本达到2.5万亿元，其中，金融类企业超过50%。前海强劲的发展势头将力推深圳成为国家金融资本总部城市，未来深圳的金融资本影响力不可小觑。

五、以社会多元化营造全方位开放的国际交流平台

深圳是依托香港成长起来的城市,在过去30多年中,深圳必然带有一些香港的影子,国际社会认知深圳,常常要讲"香港旁边那个城市"。从某种意义上说,香港在给深圳带来发展机遇的同时,也在客观上对深圳的开放度有一些影响。现在,深圳通过强大的经济基础构建了对外全方位开放的底蕴,以社会多元化的城市精神最大限度吸纳、包容外部世界,正在深刻改变以往的刻板形象。深圳有一句非常有特色的口号——"来了就是深圳人",这凸显了这座城市的开放、包容和社会凝聚力价值。深圳的社会多元化并没有让它在精神层面散架,反而促成了"拧成一股绳"的城市力量。深圳正在多元开放思路的推动下创建中国第一层级的社会共享城市和国际交流平台。

六、以全程法治化创造中国规范型发展模式典范

市场经济本质上不是散漫经济和无序经济,而是由法规和征信系统引导的规则经济。市场经济有一个深层核心:随心所欲而不逾矩。中国改革开放的30多年,曾出现过一些无规则、不规则的发展模式和发展案例,这显然无法应对未来产业和城市国际化的迫切需要,因而必须下决心构建全程法治化的市场经济。深圳拥有相对成熟的市场机制,拥有特区立法权,这使得深圳始终走在中国全程法治化建设的最前列,深圳也必须和必然做中国规范型发展模式的典范,其对此别无选择。

七、以都市生态化营造高品质可持续发展环境

城市越都市化，越需要大生态环境的平衡力量，因为人类创造城市的行动对生态环境造成的改变和破坏可能是最严重的。深圳仅仅拥有不到2000平方千米的面积，但是，过去30多年，深圳就聚集了2000多万人口，平均每年增长60多万，建设用地超过900平方千米，形成的地面建筑面积高达8亿多平方米，去年的经济总量达到1.75万亿元人民币。应该说，深圳创造了人类历史上都市化最快的速度和最大的经济奇迹，与此同时，深圳日益高企的容积率和经济活动也正在不断吞噬城市有限的生存空间，城市发展压力和环境压力同样巨大。好在深圳设立了基本生态控制线，有效防止了都市无节制地蔓延，更重要的是，在都市建设空间内，都市生态化潮流席卷全城，绿色建筑、绿色小区、绿道等大行其道。深圳的都市生态化正在营造高品质可持续的发展环境。深圳还成了全国环境质量最优城市前10名中唯一一座人口超过1000万的超大城市。

八、以高端能量化创造一个世界级城市

一个城市的对外价值集中体现在其能量的集散能力上。深圳外贸出口额连续20多年居全国第一，这充分显示了深圳的实物国际化能量；前海蛇口自贸区的高速运行将表现出深圳的资本国际化能量；作为国家创新型城市，深圳的创新战略更显示出其智慧创造力层面的信息国际化能量。城市发展历程的伟大就在于不断由低端能量集散上升为高端能量集散。深圳的创新能量和价值已经得到国内外的一致认可，其由创新形成的城市竞争力多次被国际国内专业机构评定为全国第一，可见深圳已成为中国创新高端能量集散能力最强的城市。深圳在未来有望以全球性的高端能量，包括金融资本能量、科技创新能量、文化创意能量、城市品牌能量等，为中国贡献一个世界级城市。

世界级城市比一般所讲的国际性城市更高一档，全球具备跨国影响力的城市都可以称为国际性城市，但是世界级城市的影响却是洲际性的，甚至是全球性的。中国对全球的影响力正在不断加大，未来的中国一定会诞生一两个世界级城市，比如北京、上海，当然，我们也有充分的理由期待深圳成为这个世界级城市。

上面谈了深圳的八个发展趋势，比较正面，客观说，深圳房价走高，和这种趋势的支撑有关。当然，也不应回避深圳面临的诸多困局：比如，住房缺口较大，存在供不应求的问题；深圳土地缺乏对大型投资项目进入的限制；教育学位和医疗机构的供不应求给公共服务带来的压力；地下管网系统的技术和管理漏洞带来的安全隐患；等等。好在政府和社会已经在认真思考和想办法解决这些问题，而且，无论如何，深圳的发展步伐仍然会很快，任何力量都不可能阻挡上述八个发展趋势。

2016 年 3 月 20 日

城市转型升级的深圳启示
CHENGSHI ZHUANXING SHENGJI DE SHENZHEN QISHI

深圳的"东进战略",深层意图在哪里?

最近,深圳有一个词汇的热度不亚于楼市,叫"东进战略"。什么意思呢?原来,深圳多年来东西部地区发展比较不平衡,以南山、宝安为主体的西部地区一直是深圳发展的重点地区,有前海蛇口自贸区、后海超级总部基地、大沙河创新走廊、科技园、宝安中心城、大空港、世界最大会展中心、滨江新城、深中通道、广深高速、沿江高速等重量级项目,目前西部地区的房价上涨很快,南山均价基本上在6万~7万元/平方米,宝安在5万元/平方米以上。而东部四区(龙岗、坪山、盐田、大鹏)地域广,大约占深圳面积的一半,但经济发展整体上和西部差距较大,经济总量仅仅是西部地区的一半左右,房价大体处于深圳的低位,为3万元/平方米左右。"东进战略"从表面看,是希望"十三五"期间利用东部四区土地资源相对丰富的优势,为深圳发展寻求更多空间,同时把东部四区的经济搞上去,为深圳经济再上新台阶创造新的增长点。

现在,东部各区都在制定"东进战略"条件下的发展大计,拉开了赶超西部地区的架势。然而,深圳的城市规划和产业发展趋势已经决定了东部四区在产业层级和产业性质上,无法和西部地区进行GDP方面的较量。西部地区的产业优势非常显著:其一,具有面对全国乃至国际提供服务的高端服务业,例如,金融、贸易、物流、旅游文化等;其二,具有由高科技研发支撑的高端智造产业;其三,西部地区是承担国家使命的核心地区,前海蛇口自贸区是国家试验区,大沙河创新走廊也是全国顶级高科技产业集聚区,号称"中国硅谷"。而东部四区的产业架构和城市格局与西部地区相比,显得差距较大。尤其是,东部地区是深圳生态环境较脆弱的地区,山海地带环境保护压力巨大,大量空间内并不适合大规模发展经济。

如果把"东进战略"停留在深圳东西部地区的经济发展比较上

和深圳东部四区的发展上，那我们可能就真的是在相当程度上没有充分理解这样一个重大的战略。"东进战略"的深层意图到底在哪里？不是深圳东西部之间的简单竞争，而是突破深圳市域限制，跨出市门，与深圳东部四区毗邻的四个城市——东莞、惠州、河源、汕尾实施战略大对接，这就是去年以来深圳媒体大量出现的"3+2"，"3"就是深莞惠，"2"就是后来加盟的河源和汕尾。

"东进战略"本质上已经不是深圳的一厢情愿，而是5个城市的共同意愿。从深圳看，最大的困局就是土地问题，发展那么快，偏偏土地不太足够。2000多万人，1.75万亿元的年GDP总量，中国经济第四大城市，四大一线城市中GDP增长速度最快的城市，却蜗居在不到2000平方千米的土地上，比北上广都小很多。因此，深圳突破市域限制，拓展"3+2"是大势所趋。

深圳土地紧张，产业发展的拓展空间在哪里？我们看到，深圳提出了三条途径，一是旧改，二是填海，三是东进突破市域限制、拓展"3+2"。显然，突破市域东进具有最广阔的前景。周边四市也在积极寻求与深圳的合作发展，近年来深圳与周边四市的合作互动日益紧密。

深圳推进"3+2"战略合作，深圳东四区拥有独特优势。东四区与周边四市区位相连，有文脉相承的客家文化，同时与周边四市产业互补，近年来互动频繁，奠定了良好的合作基础。如果东四区跳出和西部城区狭隘竞争的格局，主动在"3+2"框架内寻求与周边四市的战略合作，则必将取得巨大成果。

2016年3月26日

赢在风口，"东进战略"是重大机遇

深圳的"东进战略"提出之后，有一种质疑声，其基本观点是，深圳以西部为重心的格局是历史必然，不应该以1.6万亿元的巨大投资力挺并非发展主轴的东部。这种观点显然是担心"东进战略"意在人为强力推进东部发展，而巨大投资可能无法产生应有的效果，反而会干扰深圳的市场化战略和发展优势。

那么，"东进战略"的前景到底如何？深圳在过去多年"一路向西"的快速发展中，从来没有出现过1.6万亿元如此巨额的投资。现在的东进，把这么多的资金砸进去，无论如何，这是重大的机会。"东进战略"应该说已经成为当前深圳发展中的一个大大的风口，这一点毋庸置疑，只要其能够坚持按照既定计划推进，我认为其中的许多重大任务是能够完成的。

尽管我并不认同那种对"东进战略"本身产生怀疑和否定的观点，但是，有一点我要明确指出，那就是千万不要对"东进战略"产生一些不切实际的幻想，不要使其背上难以承受的包袱，比如，想通过"东进战略"让东部在经济总量和GDP增长方面一举超越西部。我认为，深圳东部在经济结构和经济总量上要超越西部是不现实的，主要是基于以下三个原因：

第一，区域属性。以南山区为代表的西部是国家直接授权发展的片区，像前海深港现代服务业合作区、前海蛇口自贸区、国家级高新技术产业区等，承担着国家部署的国际化历史使命（如人民币国际化）；而"东进战略"只是深圳市的战略布局，最多背后有广东省要求的区域一体化的战略背书。这种区域属性的重大差别无法更改，无法超越。

第二，基础条件。目前，深圳西部的基础设施和公共服务设施条件远强于东部，未来东部在巨量资金投入后，基础设施和公共服务设施条件会得到重大提升，但整体看，所有设施的服务密度和城市承载力仍然难以超越西部。

第三，产业结构。西部主导产业是国际金融、贸易、互联网、高科技等，无论产出总量、人均还是地均都是高产型产业，而东部主导产业是科技制造业、物流、旅游等，即便把1.6万亿元全部投入进去，在产出总量、人均、地均等方面仍然无法和西部相比。

这就涉及一个非常重要的问题："东进战略"下，如何塑造一个不同于西部的特色东部？实际上，深圳东西部的发展战略定位是具有明显差异的，如果说西部是以国际化为核心目标，东部就是以区域化为核心目标。那么，如何切实、可行、高效地推进"东进战略"？这个问题值得探讨。

一、东进历程：三度东进，今见东四区

深圳30多年的发展并非完全一路向西，而是曾经三度东进：20世纪80年代，从西部蛇口改革开放炮响到东部罗湖崛起；90年代，从西部科技园升级再向东启动福田中心区；21世纪以来，从西部大湾区热到东四区山海大腹地时代。可以说，深圳的"东进"从来没有停止过。现在，新东进的重大机会来了，要解放观念，跟上新形势。

二、东进扫描：消化不平衡，创新增长点

深圳东部四区面积占深圳半壁江山，而经济总量和常住人口仅占全市的1/3。东西部各自的经济活跃度也有很大差异。2015年，东西部办公商业推盘量分别为34万平方米和107万平方米。2016年5月，东部龙岗、坪山、大鹏的房价为3.4万元/平方米，西部南山的房价为6.9万元/平方米。

东部四区应该推出这样的大思路：高环保、大补课、巧超车、创平台。市政府计划投资1.6万亿元，含13项重点任务、342个项目，

其中"十三五"期间投资 5600 亿元，实施交通建设、产业提升、公共服务、城市发展等领域建设。具体来说，交通建设，14 条地铁、6 条铁路、10 大通道、第二机场；产业提升，形成"两带、六平台、多园区"产业发展新格局；公共服务，补齐民生短板，大幅提高公共服务能力水平；城市发展，产城深度融合，打造东部中心。

三、东进外拓：纵深粤东北，创建经济圈

深圳的"东进战略"之"东"，小写在于深圳东四区，大写在于粤东北临深之莞惠、近深之河汕。深圳尤其是东四区与其他四市拥有共同的历史文化底蕴：客家文化。五市以占粤约 20% 的土地完成了近 40% 的 GDP。

土地稀缺的深圳急需通过大东进在周边四市寻求合作发展，周边四市也强烈期盼深圳发挥龙头带动作用。一个以深圳为龙头、深莞惠河汕五市共享的"深圳经济圈"已成为现实，由"深莞惠"到"3+2"再到"深圳经济圈"，五市大整合日益成熟。

四、东进聚焦：深圳第三极，五城枢纽地

深圳坚持三轴两带多中心的空间发展策略，龙岗—坪山将华丽变身为深圳东部中心。"东进战略"中还有一个新概念：东部中心将成为深圳第三极。东部中心的核心价值是成为深圳经济圈的协调枢纽地。在龙岗建立深圳经济圈最大最强的经贸文化合作协调平台，可以推出深圳经济圈合作论坛、投资洽谈会、交易中心等，以深圳经济圈五市互动整合共享发展为目标，做实东部中心。

五、东进战略：抓住大风口，下好一盘棋

深圳要做实东四区，整合东四市，这是深圳破解土地紧缺问题的大风口。把"东进战略"放在国家、国际视野下，这显然是一盘大

棋。当香港、广州发展速度相对略有放缓时，深圳东靠东进、西依前海拉升珠三角地位；当"东进战略"真正实现五市有机互动时，深圳经济圈将发挥巨大作用；当深圳经济圈在国家区域战略中的作用日益凸显时，深圳将有更大发展。

所以，我的观点是：赢在风口，"东进战略"是重大机遇。

2016 年 6 月 3 日

深圳要积极探索可持续发展的全球创新城市模式

2016年12月15日,国务院发展研究中心在深圳召开座谈会,探讨深圳如何建设可持续发展的全球创新城市。我在会上做了如下发言。

今天座谈会的主题非常重要,概括了四个层面的要点。

第一个层面:创新是核心词汇。这是中国经济未来发展的重心依托和核心价值所在。

第二个层面:创新城市,建设创新型国家。具体讲,就是要打造一批国家级创新型城市,这些城市应该拥有一大批具有创新能力和成就的重要企业。

第三个层面:全球创新城市。中国的发展已经进入全面开放阶段,必须以全球化视野打造国际性的创新型城市。

第四个层面:可持续发展的全球创新城市。我们未来打造的不是缺乏底蕴、昙花一现、经不起国际竞争考验的、虚假的全球创新城市,而是具有国际竞争力的、可持续发展的、在全世界都具有影响力的全球创新城市。

这样的主题也完全符合党的十九大提出的加快完善社会主义市场经济体制的战略方向,我认为这个机制和体制具体体现在五个方面:①社会共享机制和体制;②市场驱动机制和体制;③国家创新机制和体制;④产权保护机制和体制;⑤信用经济机制和体制。

从这个主题的视角看,我认为深圳是国内最接近"可持续发展的全球创新城市模式"的城市。深圳作为创新型城市,具有以下八大优势:

第一,创新体制优势。经过将近40年的改革开放,深圳已经形成国内最强的市场经济机制和体制，创新的主体力量不是国有经济而是民营经济，不在科研机构院校二线层次而在实体企业一线层次。

第二，创新平台优势。深圳培育了国内最强的创新型经济平台和创新孵化器，目前平台效应已经外溢，香港提出创建港深莞世界硅谷，广东提出建设广深科技走廊，都是希望充分利用深圳科技创新平台优势。

第三，创新规模优势。拥有国内最大规模的创新型企业群、最大规模的创新投入、最大规模的创新成果。

第四，创新产业优势。深圳创新经济的主体是以高科技、互联网、金融产业等国家战略性新兴产业为主体的新经济体系。某种意义上说，深圳的产业优势是倒逼出来的，没有土地了，依赖土地财政的外延式发展模式走不通了，只好向内寻求内涵式发展，依赖产业创新，创造新的经济增长点。"十二五"以来，快速发展形成了高端产业集群化推进的创新型的经济增长模式。

第五，创新投资优势。深圳最近统计GDP过2万亿元，就是依靠强大的研发投入实现的。

第六，创新开放优势。深圳多年来充分利用了毗邻港澳和国际市场的优势，形成与国际全面开放的格局和平滑对接的能力。

第七，创新效益优势。深圳的创新科技成果转化能力极强，转化率长期保持在90%以上，创造了大量的创新产能。

第八，创新持续优势。深圳创新经济模式具有明显的可持续性，从深圳创新经济的整体看，具体的创新型企业可能起起落落，但创新平台则日益开放，不断强大，稳健推进，形成可持续发展的良好基础。

但深圳的创新发展也面临一些困境，主要表现为以下四个方面：

第一，深圳作为国家创新型一线城市，缺乏对应的城市政治地位，与北上广相比，存在不小的差距，这使得深圳在推进创新发展过程中，往往面临一些困难和障碍。

第二，粤港澳大湾区是这个地区最新、最前沿的发展大平台，深圳的创新模式有机会借助大湾区得到进一步拓展和延伸，但是，深圳在这个平台上的直接话语权偏弱，有时不能充分得到公平、公开、公正的体现，这对深圳的创新发展无疑是一种无形的制约。

第三，土地较为匮乏，这制约着深圳作为国家创新型城市的正常发展空间。既有的不到1000平方千米的城市实际发展空间，基本开发完毕，其中有些被较低效功能的项目等所占据，制约着深圳创新型产业的发展空间。

第四，深圳解决发展空间不足的主要举措就是快速进入旧城改造和城市更新的发展通道，并且在城市更新政策上强调以高端产业为导向的基本格局。但实际推进中，受既得利益方和项目利润空间的牵制，真正的创新型产业纵深拓展面临着困难。

如何发挥深圳优势，坚定不移地继续探索可持续发展的全球创新城市模式？我认为，需要认真落实以下七大战略任务：

第一，毫不动摇地坚持深圳在将近40年改革开放中形成的创新型发展的市场机制和体制，并且继续加大力度丰富和完善这个卓越机制和体制，让它成为深圳持续发展的核心动力。

第二，坚定地保护深圳将近40年来培育出的一大批创新型企业，特别是品牌民营企业，并且继续加大力度培育、引进更多的实力型民营企业进入深圳，形成强大民营企业阵容，以应对中国的全球化战略和日益激烈的国际竞争。

第三，基于中国的基本国情，继续高度关注国家宏观经济发展要求，关注国家政策导向，积极要求承担国家创新型发展的战略任务，积极向国家申请相应的政治地位和条件，以确保所承担的国家创新型任务得以在国家级条件下顺利推进。

第四，在目前土地匮乏的困难暂时无法通过国家政策性扩容解决的背景下，把全面城市更新作为深圳未来一些年里探索可持续发展的全球创新城市的主导方向，向更新空间要创新发展，要创新效率，要创新效益。

第五，要坚持在城市更新和创新城市发展中的高端产业导向，一方面，通过腾笼换鸟，让低端产业为高端产业腾挪更多发展空间；另一方面，通过政策引导，让物业资产开发冲动让位于高端实体经济发展行动，从而为深圳城市的全球创新价值化奠定坚实的实体产业经济基础。

第六，基于高端产业市场化大发展的迫切需要，深圳急需制定相应的政策，开放式地引进国内更多的实力型品牌型产业运营商加盟深圳的重大城市更新项目，确保城市更新能够沿着为深圳建设创新型城市的战略目标提供平台和服务。在这个问题上，要特别注意两点：一是要坚决遏制大型房地产商借产业之名行地产之实的不良举动；二是要坚持深圳长期以来形成的创新型经济的民营企业主体格局，避免深圳创新型经济出现活力减弱，甚至整体倒退的不利局面。

第七，在通过城市更新推进深圳创新型经济发展的过程中，要坚持多元共享的基本方向，在相关政策的引导下，由开发主体整合项目所有权益方组成共享型的股权架构，以便更加顺畅地推进五大整合，即产业整合、城市整合、空间整合、金融整合和文化整合。

2016 年 12 月 15 日

双向突破：未来15年中国城市化战略趋势

一、中国城市化的"双向突破"及其时代背景

20世纪80年代初，中国进入改革开放时代，中国波澜壮阔的50年城市化历史也拉开帷幕。1980年，中国的城市化率大约为20%，即城市人口占全国人口总数的20%左右；2015年，中国城市化率大约为55%；从2016年算起，未来15年每年平均完成1个点的城市化，预计到2030年能够达到国际社会认可的70%的城市化率实现门槛。

回顾中国过去35年来的城市化发展历程，可以发现，政策导向与市场动力之间存在明显偏离态势。中国城市化的主要政策导向是：严格控制大城市，合理布局中等城市，积极发展小城市。然而，从城市化的实际发展情况看，恰恰与政策导向有所偏离。35年间，中国的大城市在全国700余个城市中发展最快，目前，总人口300万以上的城市达到180个，500万以上的城市有88个，800万以上的城市有30个，1000万以上的城市有13个。这些大城市不但其城市人口占全国城市人口的60%以上，而且创造的GDP超过70%，成为中国经济和社会的绝对中流砥柱。

以地级市和县级市为主的中等城市也获得了较快发展，50万总人口以上、300万总人口以下的中等城市有142个，其城市人口占到全国城市人口的20%以上，虽然与大城市的发展难以相比，但其大多居于中国经济由强到弱的过渡地带，起着非常重要的纽带作用。

50万总人口以下的小城市和小城镇在过去35年中发展并不是太理想，其城市人口仅占全国城市人口的不到20%，作为中国城市化

的神经末梢地带，这些小城市和小城镇托举着广大的农村地区，同时多数受到相对落后的农村经济的拖累，长期得不到像大中城市那样较快的发展。

中国城市的发展受行政资源的影响非常明显。行政权力越大的城市，人口、财政、投资、教育、医疗、重点产业等经济社会要素资源和公共资源就越集中，因此，35年来，更多的农村人口涌向大城市，追求更佳的城市就业机会和公共服务。中小城市和小城镇由于人口、资金和产业集中度不够，其发展水平与大城市产生了越来越大的差距。发展越差，农村人口就越不愿意到中小城市和小城镇，这就是中国既往城市化过程中出现的"马太效应"。

但是，由于中国特殊的户籍制度及福利制度，进入大城市的农村人口多数是以暂住人口或流动人口形式存在，他们享受不到户籍人口那样的福利待遇和各种城市权利。就是说，他们仅仅是完成了空间的迁徙和就业方式的变化，并没有完成身份和法律地位的转化，他们的国家认定身份仍然是农民，只不过变成了"农民工"，这就造成了"表象城市化"问题。据估算，在列入统计的55%的城市化率中间，大约有20%属于"表象城市化"，这部分人口总数大约有2.5亿人。这2.5亿人需要在未来继续完成城市化，加上未来15年间由农村人口新增进入城市的大约2亿人（占全国人口总数的15%左右），一共是4.5亿农业人口需要在15年间不同程度地完成城市化。

党的十八大明确提出，要积极推进以人为本的新型城镇化，这是中国城市化的全新战略。"新型城镇化"指的是不同于过去35年来农村人口大规模急速涌入大城市、造成大中小城市发展极不均衡的传统城市化发展格局，是要真正实现大中小城市及小城镇发展的论衡化；"以人为本"指的是要在政策引导下，高效解决进城农民的户口、就业、住房以及其他城市福利待遇问题，让城市化真正成为每一个新市民借以改变命运和提高生活水平的重大社会基础工程。

我认为，中国未来15年的城市化将呈现"中间平稳、双向突破"的基本格局和趋势，即中等规模的城市基本保持平稳发展，战略突破将发生在城市化的两端，即大城市和小城镇两个方向上。经济的力量将继续推进大城市的强劲发展，而国家政策导向将全力扶持大量小城镇的成长。

二、市场力量推进大城市迈向高端城市化

尽管在过去 35 年间，中国大城市得到了高速发展，客观上助推了中国城市结构的不均衡现象，但是，未来 15 年，在国家大力推进新型城镇化的过程中，按照城市经济发展的规律，大城市仍然是城市化的重要一极。从人口集聚方面看，大城市仍将吸引一部分中小城市人口和农村人口进入，但人口增幅将放慢，在一些大城市，人口机械增长可能呈现停顿和微幅负增长状态，一部分已经进入大城市的农民将撤离，但这并不意味着城市化的终结。大城市未来的城市化将主要表现为向高端城市化迈进，而高端城市化主要有以下五方面表现：

第一，大城市在国际化参照系的影响下，在中国城市化走向成熟的过程中，其总人口规模仍将有所扩张，以达到其对外辐射和影响的基本人口量。最大城市的总人口规模将达到 3000 万人左右，这是目前国际最大城市的人口数量现实，我国几个一线城市的人口总量均有可能冲击 3000 万。达到这个人口总量之后，在国家对大城市人口、建设用地等重要指标的严控之下，在城市经济规律作用之下，大城市的人口总量将呈现稳定趋势。

第二，在大城市产业转型和城市升级的基础上，其人口结构发生明显变化，高素质人口比例大幅提升。大城市未来的基本走向是，城市土地和人工成本上升，低端产业向外转移，高端制造业和服务业大量增加，所需的较高层次的人口比例上升。

第三，大城市的人口密度和人口活跃度进一步加大。一方面，由于人口增长和主城空间的约束，每平方千米内的常住人口密度将继续提升；另一方面，由于大城市对外辐射和影响力得到明显增强，前来大城市进行商务、公务、旅游、探亲等活动的流动人口也大量增加，从而加大了大城市的人口活跃度。所谓大城市的快节奏现象，主要是因为人口密度大和人口活跃度高而形成的。

第四，大城市的开放度和国际化达到较高水平，不断与国际城市拉近距离。以往中国的大城市，无论在经济发展还是在城市面貌方面，无论在城市管理还是在精神价值方面，都与国际上一些发达的大城市之间存在一些差距。未来大城市的成长，更主要的表现就是国际化，要把国际上一些成熟的大城市内在和外在的标识体系传导进来，推进中国大城市的现代化发展，包括法治化城市和智慧型城市的建设。

第五，大城市居民的综合素质得到大幅提高。居民是城市的主体，城市能否迈向高端化，最终看市民的综合素质是否有全面提高。这就需要大城市的居民人口有一个沉淀的过程，逐步由外来人口居多的现象发展为常住人口居多的现象，常住人口更多的是一个城市的稳定因素，他们构成对一个城市的内在认同，他们从法理上和精神价值上更加维护这个城市的利益和形象。在此基础上，将形成大城市居民的综合素质特征，即城市主体意识、城市主人翁意识、法治精神、适中的言行举止、开放包容的心态、得体的生活方式等。

总之，在市场化的驱动下，大城市始终是人类不断追求的生存方式和生活方式，在中国这样的仍然在大规模推进城市化的国家，必然表现为人口继续寻求进入大城市。但是，大城市的进入门槛越来越高，真正能够进入的人必须具备相应的素质，同时，已经进入大城市的流动人口如果不能顺应大城市发展的要求，有效提升自身的综合素质，就可能最后被迫离开大城市。这就是我所强调的中国大城市未来15年间将发生的特殊的城市化——高端城市化。

三、国家政策强力扶持小城镇开创新型城镇化

以三、四线城市为主体的中等城市本来应该在大城市高端城市化的激励下，加快发展步伐，然而，近年来这些城市出现了一种较严峻的情况：住房产业发展过猛，沉淀了数十亿平方米的建成和在建住房，按照近年来中国城市住房销售速度，三、四线城市的现售、预售住房总量去化时间平均至少5年，形成了艰巨的去库存任务，这势必

拖累三、四线城市的正常发展。国家已经提出了"农民工市民化"的城市战略和策略，未来若干年，三、四线城市的农民工有望得到政策的鼓励，加快市民化的步伐，其中重要的一条就是得到政策补贴、扶持购买住房，由此加快化解三、四线城市的楼市高库存困局。基于这种情况，我把以解困为重点的中等城市未来15年城市化的发展模式确定为稳健式发展。

我们已经明显地感到，当前国家已经把未来新型城镇化的重心放在小城镇上面了。最近，国家提出在全国遴选并创建1000个特色小镇作为新型城镇化的试点，这是以文旅及其他特色产业推进农村城市化的重大举措，更大的动作还在后面，未来15年间，中国将有成千上万个新型小城镇如雨后春笋般成长起来，成为中国后半程城市化的重要发展模式。

为什么要把未来城市化的重心放在小城镇上？一是过去30多年的城市化发展中，小城镇欠缺太多，急需补课；二是小城镇大多位于农村地区，属于乡头城尾，对于接纳农村人口具有文脉的一体化优势；三是发展小城镇可以截留大量后续进城的农民，避免对大城市造成移民冲击；四是只要政策到位，相比大中城市，小城镇解决农村人口落户的压力较轻；五是发展小城镇可以为城市资本提供重要的长期稳健的发展平台；六是特色浓郁的小城镇还为城市市民提供了非常具有吸引力的休闲度假基地。

与大城市的市场主力推动不一样，小城镇的发展必须得到国家政策的强力扶持。可以说，小城镇的发展，政策是第一推动力。那么，国家政策如何高效推进小城镇的建设？我认为，必须从以下七个方面明确推进落实：

第一，必须从新型城镇化的国家战略出发，全面制定小城镇发展规划。从全国层面来看，如果让小城镇担当未来城镇化的基础任务，就需要发展1万个小城镇，假定每个小城镇容纳2万～3万人口，1万个小城镇就可以接纳2亿～3亿农民，基本上把后15年将要进城的农民大部分都截留了。国家要为这1万个新型小城镇的投资开发和未来成长提出极具前瞻性的总体规划，包括小城镇的经济社会地位、发展目标、主题确定、产业结构、投融资开发模式、成长运行机制、综合效益等。

第二，必须先行启动小城镇开发试点。如此重大的国家战略和移民工程，不可能重蹈过去传统的、自发的城市化老路，特别是需要财政巨量资金扶持的未来小城镇建设，必须经试点培育、吸收经验后再大规模推开。国家近期推出1000个特色小镇开发试点，可以看作迈出了小城镇建设试点的步伐。当然，这1000个特色小镇试点和一般意义上的建制镇还不完全一样，所以，关于试点工作，还有必要在新型城镇化的战略指导下继续推进。

第三，必须制定由各级财政分级扶持小城镇建设的操作性政策。为了确保小城镇建成后真正成为未来15年中国新型城镇化的基础平台，就必须确实做到政策倾斜，其中，最重要的政策就是财政扶持政策。中央财政要率先落实，要根据全国小城镇发展的具体情况，进行财政分类扶持，并在财政使用上建立专门的监管系统，保证财政资金真正落实到位。各省市县也需要在国家财政投放过程中，跟进投放适度的地方财政资金扶持小城镇建设。

第四，必须合理、积极地引导并建立合理的全社会投融资计划和模式。小城镇建设所需资金巨大，不是各级财政能够单独承担的，必须引导社会资金高效进入。应该积极推进目前正在兴起的PPP（Public-Private Partnership）模式，公私合作投资运作，财政资金引导，社会资金主导。

第五，必须无障碍落实农民在小城镇的落户政策。中国目前仍然是二元户籍人口管理模式，即户籍管理分城市户口和农村户口，因此，农民入城还需过"户籍关"。过去农民到大城市打工，很难在当地落户。未来小城镇鼓励农民进来，首先表现在落实户口问题。要制定宽松的落户政策，夯实以人为本的政策基础。

第六，必须认真落实入镇农民的住房问题。为了避免在小城镇出现目前三、四线城市存在的住房库存量大的问题，未来小城镇开发必须严格控制住房投资，但也要做深入的市场研究，为未来可能进入小城镇的周边农民提供基本住房保障。

第七，必须快速跟进落实各项配套福利政策。比如，新镇民的就业培训问题，少年儿童的就学问题，老年人的养老待遇问题，等等。通过一系列配套福利政策的有效推进，将真正体现以人为本的新型城镇化大方向。

需要特别强调的是，新型小城镇不是国家福利机制下的一个进城农民安置平台，而是一个新型产业化支撑下的创新型城市化平台。对进城农民来说，最重要的还是就业，毕竟离开了熟悉的农村和赖以生存的农业，他们必须尽快在小城镇里找到合适的工作，形成谋生养家的基本能力。如果小城镇不能给他们提供有效可行的就业机会，他们将再次出发，前往大城市寻找机会，这样，就又回到了传统的城市化模式。

总之，中国未来15年的新型城镇化，不会像过去那样，只是在大中城市里实现突破，而是一定会出现在城市的两个端点，即大城市和小城镇。前者主要依靠市场力量推动发展，后者一定要依靠国家强有力的政策保护和扶持，引导社会资本大规模进入。从某种意义上说，未来的新型城镇化，如果国家及各级政府真正扶持到位，完全有可能出现小城镇发展的"国家风口"现象，大量社会资本跟随政府投资，在全国形成一个长达十几二十年、极为波澜壮阔的小城镇建设高峰期，并为平衡全国大中小城市布局，为全国人口、产业、资金的合理流动做出实质性贡献。

2016 年 12 月 17 日

城市特色是怎么产生的？

近日，我参加了一个政府主办的关于城市设计中如何体现中国特色（尤其是中国传统文化特色）的座谈会。这个议题的逻辑前提似乎是：现在的中国城市越来越缺乏中国传统文化特色了。那么，到底什么是城市设计中应该体现的中国传统文化特色呢？是明清古建筑、庙观祠堂，还是四合大院？当每个城市都如此这般地搞一些仿古街院的时候，真的是体现了中国传统文化特色吗？

让一个城市来体现作为更高层级的"中国"的传统文化特色，这种说法不够合适，当所有的城市都在体现这个国家的某种特色的时候，每个城市就都没有特色了，就好比让苹果体现水果特色一样，逻辑上有不妥之处。比较科学的说法应该是：一座城市的设计如何体现真正属于这座城市的特色，包括属于这座城市的传统文化特色。这个特色无关中国还是外国，只要把这座城市的特色体现出来就是好的城市设计。例如，我们可以赞美苏州城市的中国江南水乡特色，也可以欣赏上海外滩一带街区的异国情调，它们都是各自城市的鲜明特色。

然而事实上，真正让一个城市特色鲜明起来的内容和空间通常不会超过10%，其他绝大部分内容和空间是无特色的，或者说，是非特色的，古今中外，概莫能外。在讲城市特色的时候，首先要明白，城市不可能也根本无必要都搞特色。所谓城市特色，一定是在这些大量存在的非特色基础上发生的，由此形成城市的标识、符号、价值等。

所以，在了解城市特色之前，我们先来看一看城市的非特色是如何形成的？主要有以下四种动能：

第一，城市功能驱使。城市是住人的地方，是人聚集在一起工作的地方，这就要求城市必须配置大量的基础功能项目。例如，城市的基础设施、绿地空间、公共服务配套、基础住房系统、基础工商产业空间等，这些都是城市的基础功能配置，国家有明确的、法定的建设标准和要求，只需要按照这些规定做到就好，通常城市规划中都讲明白了。这些基本内容和空间无须搞特色，甚至不能搞特色，就是严格的功能界定，必须完成。有时候人们漫无目的地批判城市的同质性、千城一面，其实是把城市的基础功能和空间表现拿来说事了，这是不合适的，在基础功能和空间表现上，某种意义上肯定是千城一面，这是国家标准决定的。

第二，城市建设成本驱使。大量的城市基础功能建设，需要大量投资，为控制建设成本，国家必然会推出建设标准，通常都是按照最经济节省的标准化模式推进，而经济节省就不能讲特色，标准化就是无特色。

第三，建设时效驱使。一个城市的建设是要讲时效的，产业有了、人有了，如果住房没有、城市公共服务没有，那肯定不行。反过来，盖了一堆房子，没有人来，也是麻烦，现在三、四线城市搞去库存，就是这个问题。所以，城市建设要通过时效解决配套和平衡问题。时效解决的是城市功能配置问题、城市效率问题，而不是解决城市特色问题。

第四，城市升级驱使。城市总是要发展的，在城市升级中，原来的特色可能变得不够特色了，例如，深圳的国贸大厦，在20世纪80年代以"3天一层楼"的速度盖起来，是当时中国最高、最令人关注的建筑。但如今早就被埋在深圳林立着的高楼群里，不显山不露水了。如果说国贸大厦还有"特"，那就不是在于建筑本身了，而是在于它所具有的历史文化内涵，在于改革开放的价值。

好了，讲了一大堆关于非特色、无特色的话，现在回来讲一下城市特色问题。那么，城市特色又是如何形成的呢？它也是由四种动能驱使，具体内容如下：

第一，自然环境和资源条件驱使。比如，说到"山城"，中国有山的城市太多了，北京有山，深圳也有山，但我们从来不会把它们看作山城，而重庆则是全国公认的山城，为什么？就是因为整个重庆都坐落在起伏不平的山脉里，让重庆直观上就具有了山城的特色。意大利的威尼斯也是非常特别的，完全坐落在海湾水巷之上，几乎就是被水浸泡着的城市，所以，世界水城的名声传遍天下。类似地，中国的济南，全城遍布涌泉、明泉、暗泉，因此收获了"泉城"的美名。

第二，历史文化底蕴驱使。比如，讲起西安城市特色，我们不会关注西安的明清城墙，而是关注唐代的大雁塔、曲江的后花园，因为西安本质上是历史上的长安，是长达1000年的周秦汉唐十三个朝代的恢宏史卷，是曾经称霸全球的东方皇都。再如，讲到奥地利首都维也纳，即使没有去过的人也知道那是世界的音乐之都，那里有著名的金色大厅，有约翰·施特劳斯、莫扎特等名人。

第三，重大、独特事件驱使。一个平静的城市往往由于一件重大独特的事件而形成这个城市的特色。例如，意大利的佛罗伦萨，以前和欧洲的其他城市没有什么两样，但是欧洲文艺复兴彻底改变了这座城市，佛罗伦萨成为欧洲文艺复兴的摇篮，从此闻名中外。再如，瑞士的达沃斯小城，原来只是欧洲的一个普通度假地，但是，自从世界经济论坛落地达沃斯，这个小城从此便进入了不平凡的时代，每年一、二月，数千各国政要、企业大腕、经济学名流会聚一堂，共商全球经济大事，这里成了"世界经济联合国"。

第四，重大的文化创造或特殊的机遇驱使。上面讲到，一个城市在大量的基础功能配置的同时，如果也在推进自己独特的文化创造并且找到了自己的文化标识，这个城市的特色就产生了。比如大庆，过去是东北的不毛之地，自从发现石油，一座崭新的石油城便诞生了，石油以及石油文化就成为大庆的基本形象和文化标识。另外，特殊的机遇也能够间接推进城市特色产生，例如，山西平遥古城，历史上只是一座极为普通的汉地县城，埋没在成千座大小古城中间，并没有什么特色。但是，后来当千百座古城并没有得到很充分的保护时，平遥古城却意外完整地被保留下来，凸显了中国完整古城的绝版价值，后来被联合国授予世界文化遗产的称号。

可见，城市特色和无特色都是城市发展中不可或缺的组成部分，其中无特色、非特色占据了绝大部分内容和空间，基本功能的推进必须依赖千城一面。而真正让城市特色鲜明起来的部分并不需要太大空间，也不一定需要太多内容，关键是抓住能够凸显一座城市独特文化价值的标识，并让其发扬光大，辉耀全城，这样，就足以创造一座特色城市了。

2017 年 9 月 16 日

智慧小镇：中国智慧城市建设的新型实验区

一、智慧城市和特色小镇两大浪潮下，中国智慧小镇异军突起

2010年以来，中国智慧城市概念和行动成了城市发展的一股强大支撑力，互联网、大数据、云计算、物联网强力推动着智慧城市快速创建和发展。与此同时，中国城市化率已达58%，以70%～80%的国际标准看，已经进入后半程。中国提出建设1000个特色小镇，成为后半程城市化的标志性模式。预计未来20年，中国将诞生数千个特色小镇。智慧城市和特色小镇同时出现和融合发展，诞生了特别的智慧小镇。

智慧小镇是互联网、无线传感器、物联网、大数据、云计算等先进技术在小镇居民生产、生活中应用的集成。以互联网为骨架，以无线传感器为神经，同时应用物联网技术，为小镇居民的生活、生产、旅游、创业等方面带来极大便利。

案例一：武汉无人驾驶智慧小镇。

武汉提出5年内建设国际一流的智能网联汽车和智慧交通综合创新试验示范区，打造不小于10平方千米的智能网联汽车小镇——"无人驾驶"智慧小镇，形成示范区的最大特色。未来在智慧小镇，智能传感器将无处不在，将汽车与城市连接起来。智能网联车可实时采集区域道路状况、交通状态等，甚至包括温度、湿度、空气污染物指数；智能站台可对当前客流量进行估算，智能巴士根据当前客流量的分布，合理规划行驶速度、尽量停靠人流量密集的站点、增加对应站点停靠时间。目前，武汉智能网联汽车示范区封闭试验场一期工程已开始场平和清淤工作，试验场设计方案初稿已完成。

案例二：扬州运力智慧小镇。

由中车互联运力集团首期投资6亿元，总投资约60亿元打造"运力智慧小镇"。大数据、智能化、移动互联、云计算共同应用在运力智慧小镇暨"互联网＋"集装箱交易平台江苏中心，打造的全新运力将对扬州乃至周边城市的经济发展产生直接作用，引领物流新时代的到来。

现代信息技术特别是"互联网＋"的高速发展，打破了传统意义上物流的地域限制，物流枢纽不再是简单意义上运输工具、仓储在单一空间的聚集，而是借助线上资源和信息的整合将线下公路、铁路、水路、空中物流运输从有限的空间延伸到无限的空间。用"互联网＋"模式实现跨平台、跨区域、跨行业的运力数据资源更高效率的大规模社会协同资源共享，有效推进物流业"降本增效"。初期辐射江苏省，扩展长三角地区、长江经济带、丝绸之路经济带等区域物流联动，通过线上线下资源的互通对接，提供散改集、集装箱运力交易、甩挂交易等第三方服务，其公路甩挂分离经营模式为国际独创，其融合大数据、云计算、互联物联等技术，创造出了新型运输方式，并统计出集装箱运力指数、国际运力指数，扬州因此有望成为全国物流行业的运力交易所、权威运力指数发布中心。

案例三：青岛华润智慧小镇。

总投资300亿元的华润智慧小镇项目将按照产城融合理念，主要建设智慧交通、智慧医疗、智慧农业、智慧物流、智慧家居、智慧文娱六大产业园，以及西海岸艺术中心、特色精品体验中心、科技转移孵化创新中心、西海岸体育中心、物联网应用研究中心、智慧交通科技展示中心、万象汇休闲购物中心、医疗养老康复中心八大中心，建成后预计引入超过200家企业。

案例四：无锡鸿山物联网小镇。

物联网小镇建设规划方案已初步确定，正在进一步论证完善中，拟将无锡鸿山打造成集物联网技术研发、产业集聚、应用示范以及文化旅游、生态为一体的智慧小镇。

无锡在物联网领域走在世界前列。截至2015年年底，全市列入统计的物联网企业有 1171 家，从业人员突破 15 万人，物联网产业营业收入 1688 亿元，增幅连续 3 年超过 30%，基本形成了涵盖感知、网络通信、处理应用、关键共性、基础支撑的产业链。无锡物联网骨干企业规模快速增长，全市各类上市物联网企业近 40 家，上市后备企业超过 100 家。示范区物联网技术研发得到了国家科技重大专项、"863 计划"、物联网发展专项等项目的大力支持，累计承担省级以上物联网研发项目 2000 多个。2009 年至今，无锡市牵头和参与制定物联网国际标准 9 项、国家标准 20 项、行业标准 25 项。无锡物联网产业研究院连任 ISO/IEC（国际标准化组织/国际电工委员会）物联网体系架构国际标准项目组主编辑单位，代表中国牢牢掌握国际标准话语权。另外，无锡正在筹办世界物联网大会。

案例五：马鞍山慈湖智慧小镇。

该小镇位于马鞍山慈湖国家高新区内，将以中兴皖通、上海乐通项目入驻为契机，依托东部良好的生态环境，打造以 MICT（移动信息通信技术）产业为主导的产业集群，建设期约 5 年，集聚关联企业 100 家以上，形成电子信息产业发展带和智慧小镇建设区的"一带一区"产业发展空间格局，力争将智慧小镇培育成下一个增长极。

案例六：丽水智慧小镇。

丽水智慧小镇位于浙江省丽水市绿谷信息产业园，是经市政府批准建设，由市科学技术局主管的众创空间。该科创园采取市场化、专业化运作模式，重点引进信息科技、教育服务等符合丽水未来发展的研发机构、人才创业项目以及公共技术服务平台，而且还将被打造成为丽水吸引高层次人才的创业创新载体。建成后将拥有孵化加速区、独立孵化区、金融孵化区，同时配套路演厅、咖啡吧、娱乐室、会议室、孵化服务中心和高层次人才公寓。

案例七：漳州方正智慧健康小镇。

总投资约 132 亿元的北大方正集团智慧健康小镇项目位于漳州市南靖县靖城镇，总占地面积约 2 平方千米，由漳州高新区、漳州市卫健委、漳龙集团、漳州市中医院与北大方正集团合作开发，主要建设三级综合医院、北大（漳州）科技产业园区、健康颐养社区，规划智慧研发、健康管理、服务体验、度假旅游、养生养老五大核心产业，将被打造成生活、生产与生态融合的新型现代化特色小镇。

案例八：乐清智慧小镇。

浙江省乐清智慧小镇规划总面积3.23平方千米，其中建设面积为1平方千米。小镇以智能电气和机械制造产业为核心，以高端装备制造为重点，按照产业、文化、旅游"三位一体"的发展模式，以制造业、服务业互动，生产、生活、生态融合发展为理念，着力打造乐清产业升级与定位提升的平台，将智能电气产业作为小镇产业发展的基础，将新兴科技创新产业作为产业提升的重要组成部分，共同创造新的区域经济增长点。小镇按照统一规划、分期实施的要求，积极稳妥地推进科技创新特色小镇建设。2015—2017年，3年计划累计完成建设投资20亿元以上，开展乐商回归产业园、小微企业创业园、中小企业创新园、高新技术产业园、产业综合服务及生活配套等项目的建设。

案例九：乌镇智慧小镇。

第一届世界互联网大会结束后，乌镇就着手规划建设一系列技术领先的便民工程。2016年，乌镇成为工业和信息化部（以下简称"工信部"）同浙江省政府"基于宽带移动互联网的智能汽车、智慧交通应用示范合作项目"的两大试验点之一。未来互联网新能源条件下的生活让人羡慕：例如，人们只要动动手指，窗帘自己会开合、电饭煲自己会煮饭、全屋景象尽收眼底；随着人流量和车流量的变化，路灯自动调节明暗度。乌镇景区通过采用电锅炉、空气源热泵、地源热泵、电动车等，实现景区基础设施用电全覆盖，同时房车营地、充换电设施等结合物联网、云平台新一代信息技术，实现数字化管理和运行，积极打造绿色环保型全电景区。

案例十：丁兰智慧小镇。

2014年年末，丁兰街道被列为浙江省"生态智慧型城镇化"的试点区域，成为杭州唯一的镇级"智慧城市"试点。2015年6月，丁兰智慧小镇入选浙江省首批特色小镇创建单位，为街道经济社会发展的各项工作创造了良好的外部环境和政策条件。小镇规划面积2.5平方千米，核心面积1.3平方千米，规划产业及配套用地面积达0.68平方千米，建筑面积为1平方千米，由西子智慧产业园、智慧企业总部园、科技企业创新园三个智慧园区构成小镇核心区域，配套城北商业区、皋亭山景区、智慧居住区及临丁路沿线配套服务产业带。小镇坚持产业、文化、旅游"三位一体"和生产、生活、生态"三生融合"的发展目标，推动智慧景区、智慧社区、生活服务业、文化旅游产业协调发展，着力打造以"龙头产业为主、环境生态为基、创业创新为重、文化景区为衬"的特色小镇，致力于建设未来城市生活的智慧新样本。

二、智慧小镇的六大发展趋势

趋势一：智能化。

我们已经从数字化进入了相对比较成熟的网络化，正在走向智能化这一阶段。智能化意味着什么？智能化可以做什么？从本质上来讲，智能化主要是要解决效率问题。有了效率才有投入、产出的合理布局，才有经济性，智慧小镇的综合运营才有价值。

趋势二：物联网化。

传统的互联网已经发展到现在的移动互联网，进而正在走向物联网。物联网是智能化的基础。智慧小镇只有依赖一个完整、广义的物联网体系，才有可能成为一个完整的智能化系统。

趋势三：智慧系统分散化。

以往，人类智慧系统主要表现为空间的集中化，就是越高级的智慧系统越向大城市集中。在智能化和物联网化条件下，人类智慧的空间集中格局被打破，更多的智慧系统进入分散化布局时代，进入智慧小镇空间，这样可以有效降低智慧产业综合成本。

趋势四：开放化。

智慧小镇建立在智能型信息基础设施和万物互联基础之上，不会发生"数字孤岛"现象，不会成为封闭的体系，其开放度甚至超过大城市。

趋势五：标准化。

智慧小镇看上去是各自独立的，在产业和文化主题定位上也是特色化、个性化的，但它们的信息化、网络化、智能化平台建设却是高度一体化、标准化的。小镇的每一个智能设备都将全面接入网络，实现万物互联，确保小镇的智慧化水平保持共享态势和等高态势，它的技术基础就是由同网（物联网）、同台（通用功能平台）、同数（数据体系）、同效（高效运营数据中心）和同制（制度系统）组合而成的高度标准化体系。

趋势六："三生"一体化。

智慧小镇并不神秘，也不高大上，它就存在于小镇居民的"三生"即生态环境、生产活动和生活过程中，物联网和智能化形成的智慧系统实现了小镇居民在生态、生产、生活领域的一体化提升融合。

以下是智慧小镇居民的生活方式。

1. 饮食

食品溯源防伪系统可轻松帮助居民了解各类食品的产地、质量、生产时间、生产工艺与生产过程中的关键信息。做到层层把关，追根溯源，从品种、田头，一直到餐桌，感受自然的醇香。

2. 能源

未来智慧小镇的电力，来自太阳能电板和风力发电站等清洁可再生能源。居民家庭每个房间均实现温湿度的自动调节，从而让身体更舒适。感应式、远程手机控制用电器状态了解与启停控制，将节电进行到底。

3. 出行

未来智慧小镇的出行采取绿色能源电动车与微公交，会更加便利与快捷。招手即停，也可以自主驾驶，还有自动循迹无人驾驶电动车，让智慧小镇交通更加有趣、更加安全、更加有科技感。

4. 购物

电子商务在未来智慧小镇会应用得更多。通过大数据分析，社区服务中心、网络中心每天将信息进行手机、网站发布，实现个性化、订单式营销，产供销一条龙。

5. 医疗

远程医疗能够更好关注、关爱、关心到智慧小镇的居民。实现远程诊断、专家在线会诊，每个人都有自己的健康电子在线档案，接受定期的体检。比如，智慧小镇的老人每人有一个具备特殊功能的腕表，它可以将老人的心率、血压等信息即时传送到社会医疗中心。一旦出现心跳异常、血压偏高等紧急情况，医护人员能第一时间进行处理；该设备还自动将各项健康指标定期发送到大数据中心，以获得医生更多的保健建议。

三、如何保障智慧小镇的健康快速发展

1. 在特色小镇政策体系中全面导入智慧小镇的理念和模式

从本质上讲，所有特色小镇都应该成为智慧小镇，智慧小镇不是一种小镇类型，而是所有小镇都应具备的新型基础设施背景，物联网化和智能化应该成为考核特色小镇的基础性条件。

2. 让智慧小镇成为智慧城市建设的先行试验区

智慧小镇是内部综合结构最接近智慧城市的复合型智慧园区，将智慧小镇作为智慧城市建设先行试验区，易启动、成本低。目前，在全国已经启动的一批智慧小镇中，部分小镇发展态势良好。

3. 智慧小镇良性推进的关键在于智慧系统的合理进入和布局

智慧小镇建设要做到让作为新型基础设施的智慧系统先行，智慧系统须根据小镇居民生活和产业成长需要而合理高效布局。

4. 智慧小镇建设要以核心产业发展为主导

任何智慧系统都是基础和服务，真正支撑智慧小镇崛起的核心是产业，把物联网和智能系统导入核心产业，智慧小镇将变得十分强大。

5. 智慧小镇有自身独特的成长模式，要与智慧城市智慧园区求同存异

我们要防止把大城市的智慧城市建设模式直接照搬到智慧小镇发展中来，智慧小镇是特殊的复合化智慧园区，应避免与一般智慧园区混同。

2017 年 11 月 14 日

由国家高新区扩容看深圳三大走廊的战略价值

2019年4月25日,深圳市人民政府印发了《深圳国家高新区扩区方案》,准备将该区域面积扩大14倍。这个消息可谓爆炸性的。深圳市国家高新区原规划面积仅为11.52平方千米,扩区后的总面积将达到159.48平方千米,形成"一区两核多园"("一区"是指深圳市高新区,"两核"是指南山园区和坪山园区,"多园"是指深圳高新区由多个园区组成)的高新区发展布局。

这次扩容后,将大体形成一条由南山区、宝安区、龙华区、龙岗区和坪山区组成的科技创研走廊,我查了一下,这个布局与2001年9月2日国家科技部正式复函深圳同意建设的全长100千米、规划总面积达152.62平方千米的深圳国家高新技术产业区(带)非常相似。从这点看,深圳早在18年前就已经对高新技术产业进行大手笔的布局了。

当然,18年前的高新技术产业大手笔布局后来由于多种原因,实际上并没有后续政策确保有效落实,那条高新技术产业带事实上并没有形成。今天,深圳的高新技术产业已今非昔比,科技创新能力和条件在粤港澳大湾区已经进入最强之列,这种条件下对国家高新区实施扩容已是水到渠成。

更重要的是,今天推出的扩容版的高新区与当年的高新技术产业带,其担负的主要任务已经发生重大变化。如果说,当年的高新技术产业带更多的是作为高新技术制造业基地而存在的,那么今天扩容后的高新区将是以科创企业总部、智慧营运中心、创新研发中心、科技金融财务中心、科工贸产业链供应链中心、科技交流展示中心、科创教育中心、产品试验中心等枢纽型、服务型功能集聚区为主体,真正的制造板块依据成本核算原则将大部分布局在成本更低的外部地区。

事实上，我们在今天的南山国家高新区看一看，已经很难看到20世纪八九十年代那种工厂林立的格局，基本上已被大量的科技总部研发大楼所取代。

这就意味着，未来的深圳国家高新区尽管扩容了14倍，但从全球经济竞争的大格局看，从大湾区更大的发展空间关系看，高新区仍然将逐步减少纯制造业部分，这完全符合深圳在大湾区内的中心城市和核心引擎的战略定位。我曾经多次指出，深圳的土地太紧张了，没有必要固执地保留30%的工业控制线，应该降至20%，这里指的就是纯制造业部分保留20%的空间就足够了。这个比例在全世界的重要国际城市中已经是不低的比例，在国内，北上广等城市的制造业占比都明显低于深圳。很难想象一个中心城市的纯制造业占比仍然能够达到深圳今天这样的将近40%的比例。深圳完全可以通过扩容后的高新区科技创研走廊建设，大力发展科技创新研发、科技金融、科技贸易、科技交流、科技教育等延伸性产业，大幅增加新型科技服务业。

这是深圳的必然趋势，因为这个城市过去20年来一直在进行产业的转型升级，一直寻求在有限的空间内创造出更多的经济价值。深圳之所以能在比北上广少得多的土地上创造出比北上广更快的增长速度和更高效的经济价值，靠的就是产业的转型升级，而不是土地财政。

科技制造业向科技服务业的扩张，在城市经济增长领域的实质性贡献方面，从2017年深圳在GDP方面反超广州的案例上看得很清楚，当年广东省统计局按照国家统计局的新标准重新核算，把科技研发投入计算进GDP中，结果深圳多出了600多亿元，而广州只多出200多亿元，导致深圳一举反超。再看南山区的经济发展现状，该区去年GDP总量已经超过5000亿，是全国经济总量第二高的城区，这显然得益于南山国家高新区大量的科技服务业的贡献。可见，科技类服务业蕴含着比纯科技制造业更大的经济潜能。

可以说，深圳由于有了这条强大的科技创研走廊，才能在大湾区形成核心引擎的地位，才能在更大更长的广深港澳科技创新走廊中确立自己的核心地位。

那么，深圳如果在扩容了的国家高新区内重点发展科技创新研发类服务业，又在哪里发展科技制造业呢？我想到了前不久著名经济学家张五常先生在一次论坛上发表的引人注目的观点，他认为，深圳有朝一日会成为世界的经济中心，深圳将会超越硅谷，主要是硅谷没有一个像东莞那样水平的工业区。我们知道，硅谷所在的旧金山湾区是全世界湾区经济中发展最好的一个，其人均GDP达到10万美元以上，远高于纽约湾区的4万多美元、东京湾区的3万多美元。这也说明了深圳要超越硅谷，就必须做到两点：其一是更大力度地发展科技创新研发等高端科技服务业；其二是最大限度地利用周边东莞"什么都能制造"的制造业全产业链的优势，在大湾区城际合作的框架下完成高新科技产业"研发—试验—制造—贸易"的全产业链流程。

实施深圳科技创新研发与东莞制造的衔接，是不是说深圳就不搞科技制造呢？并不是这样。深圳在扩容后的国家高新区走廊内，根据现实需要，仍然可以合理保留若干制造业，特别是对经济成长贡献较大的制造业部分。但更多的空间恐怕就像今天的南山高新区那样，以高端科技服务业为主体了。此外，我们从华为迁往东莞松山湖也看得很清楚，华为总部并没有搬走，其搬走的是移动终端产业部分，包括手机的研发和制造。

显然，深圳除了上面讲到的科技创研走廊之外，还需要一条高端智造走廊来配合。这条走廊在哪里呢？从深圳东部的坪山开始，向西延伸，经龙岗、龙华、宝安、光明北入东莞，经松山湖一路向东，延伸到惠州仲恺高科技区、南下大亚湾经济技术开发区，再向东延伸到深圳的新领地——深汕特别合作区。这是一条近乎完美的高端工业智造走廊，是"世界工厂"的核心属地。深圳科技创研走廊旁边有这么一条强大的工业智造走廊，就形成了难以匹敌的全球竞争格局，套用张五常先生所言，硅谷能被深圳超越，一个重要的原因就在于深圳内外连体的这条强大的工业智造走廊。

科技创研走廊和高端智造走廊仍然是产业框架，不是城市框架。

第二章
转型升级：深圳的大趋势

如何让这两条产业走廊拥有更好的城市服务保障呢？我们又看到了深圳的另外一条核心走廊：中央商务走廊。在深圳，现在已经很难讲一个中央商务区（CBD）了，若干个 CBD 在快速发展且连为一体，我们从龙华北站中央商务区开始，向东南方向延伸到罗湖蔡屋围—红岭路金融带，向西至福田中心区—香蜜湖金融街，再向西到后海全球总部基地、前海蛇口自贸区—深港现代服务业试验区，再北上到沙井国际会展中心商务区，等等。这条以现代金融、互联网产业为主导的走廊，就是深圳的中央商务走廊。这条金融互联网走廊显然是在大湾区的大框架内定义的，与上述科技创研走廊一样，没有这条中央商务走廊，深圳同样无法成为大湾区的核心引擎。

总结一下，在深圳全力推进大湾区建设的起步阶段，我们看到了深圳的三大走廊：①中央商务走廊；②科技创研走廊；③高端智造走廊。

显然，这是决定深圳未来命运的三大走廊。中央商务走廊上的广义金融业、互联网物联网大数据云计算智能化产业、国际商贸会展旅游业等，决定了深圳国际化服务的集散能力和辐射能力；科技创研走廊上的科技创新研发、科技金融、科技贸易、科技交流、科技教育等产业，决定了深圳经济的现代化水平和潜力；而体现深莞惠城际合作的高端智造走廊上的科技制造全产业链和供应链，凸显了深圳科技成果快速、高质量转化的强大能力。

从某种意义上说，深圳在大湾区的核心引擎和中心城市地位，就依赖这三大走廊的建设了。张五常先生对深圳的一些研判，听起来是在挑战常规现状和固化思维。当然，深圳无须过度关注这些争执，因为 40 年来，深圳也经历过"质疑"和"否定"，现在有时也是如此。太关注这些东西，反而会影响自己的发展，深圳只需把这三大走廊真正按照国际开放式竞争规则建设好，它就一定是不折不扣的大湾区中心城市和核心引擎，一定是在国际上具有相当地位的先锋城市，当然，那个时候张五常先生的观点真有可能顺便得到验证了。

2019 年 5 月 5 日

城市转型升级的深圳启示
CHENGSHI ZHUANXING SHENGJI DE SHENZHEN QISHI

从世界工厂到全球智都：深莞融合发展前景不可估量

两年前，著名经济学家张五常发表了引人关注的观点：深圳将会超越硅谷。近日，他再次重申了这个观点，这次他给出了一个令人意外但细想却很有道理的理由：硅谷没有一个像东莞那样水平的工业区。另外，他还提出了更加惊人的观点：深圳有朝一日会成为世界的经济中心。

尽管这个观点有点"招摇"，但在学术研讨的视角看，张五常先生当然有权利发表自己的观点。我认为，张五常先生的观点至少表明了四重含义。

第一，深莞经济一体化密不可分。40年前，深圳和东莞几乎是一并进入急速工业化时代的，其主要模式就是接受以香港为主体的投资，形成庞大的"三来一补"加工制造产业链，深港之所以成为公认的"世界工厂"，和那时候的港资建厂有直接关系。

第二，深莞是以科技研发为主和以工业制造为主的经济关系。尽管深莞两市都大规模引进了以香港为主的外资加工体系，但是，进入20世纪90年代后，两城的发展模式开始差异化，深圳在90年代中期开始推进产业的转型升级，以南山科技园为代表的科技创新力量日益壮大，低端的加工业制造日益让步于科技创新研发。与此同时，东莞则不断巩固和发展其庞大的制造业，并形成了"世界工厂"的主体地位。

第三，东莞强大的工业体系是助推深圳超越硅谷的基础力量。在过去很多年里，深圳和东莞之间在制造业领域的交集实际上是不多的，两城各做各的。然而，随着经济成长内涵和模式的变化，两城的经济互动开始加强，到目前为止，深圳对东莞"智造"的依赖性越来越强，未来深圳超越硅谷，成为全球性的科技创新研发中心，显然离不开东莞强大的"智造"能力。

第四，未来的东莞"智造"更会助推深圳迈向全球经济中心的地位。目前在全球，真正拥有深圳和东莞这样的全产业链和供应链的地方还真是不多。深圳迈向全球经济中心的地位显然离不开东莞强大"智造"能力的扶持。

我们从张五常先生的观点还能延伸出以下五大判断：

第一，在粤港澳大湾区架构下，深莞一体化发展将减弱深圳对政区扩容的追求。深圳由于土地匮乏，一直希望扩大行政版图，例如，把临深片区的东莞、惠州部分区域划归深圳。然而，这个构想由于种种原因一直未能实现。深圳与东莞这种跨越行政藩篱、实施经济和产业的互利、共享式融合发展的实践表明，深圳能够在不扩大行政版图的基础上实现经济的持续快速高品质发展。

第二，东莞作为中国世界工厂的代表，未来必然成长为中国"智造"的典范。东莞目前正在大规模实施产业转型升级，其转型升级的大方向显然会依据其既往制造业强市的优势，实施腾笼换鸟式的变革，使大量低端制造业迁移或就地提升，同时吸引大量高端智造业进入，如华为那样大举入驻松山湖。

第三，深圳未来的全球科技创新中心地位必然得到东莞"智造"的持续强力支持。深圳与东莞在产业结构上的一个重要差异就是，深圳更多地将担负科技创新研发的重任，配套一定的高端"智造"业，而东莞则以高端"智造"为主，配套一部分科技研发。可以说，东莞的"智造"业将承载深圳科技研发的众多成果。

第四，深莞将联手打造世界级先进制造业产业集群。这是大湾区规划纲要中提到的趋势和方向，这表明，国家已经充分认识到深莞两城融合发展的前景。

第五，深莞创研与"智造"融合发展将使其由世界工厂跃升为全球智都。未来深莞两城通过创研与"智造"的融合式发展，得到的最重大的改变就是，将使两城从曾经以低端制造为特征的"世界工厂"地位直接提升为以高端"智造"为特征的"全球智都"。

我们再从另一个角度论证一下深莞关系。正如张五常惊讶"粤港澳大湾区"表述中没有一个"深"字一样,"广深港澳科技创新走廊"表述中也缺乏一个"莞"字,事实上,东莞是不折不扣地处于大湾区这条黄金科技创新走廊的中间地带的。东莞未上榜,或许是由于层级不够与广深港澳四大中心城市匹配。那么,东莞应摆在哪里?我认为,应将其摆在深莞一体化架构内,摆在深圳世界级创新创意之都架构内,这将事实上强化深莞两城的战略合作关系。

实际上,企业界一直在主动探索深莞一体化。华为已经以一个高科技企业的名义完成了深莞一体化的实践,他们把华为终端总部及相关研发制造部门一举搬迁到东莞松山湖,而华为总部仍然留在深圳坂田。每天,浩浩荡荡的车队穿行在深圳坂田和东莞松山湖之间,华为以市场化的行动书写着深莞一体化的壮丽篇章。由于华为的带动,成百上千的企业集聚松山湖,东莞的高科技研发制造和产业转型升级呈现出蒸蒸日上的局面。

深圳作为中国科技创新领域最发达的城市,拥有 1.44 万家国家级高新技术企业,总量仅次于北京,超过广州、上海。深圳高新技术产业产值将近 2.4 万亿元,高新技术产业在 GDP 增加值中的贡献达 7344 亿元,占比将近 1/3;深圳有效发明专利 5 年以上维持率达 84.99%,高于北京、上海、广州;PCT(专利合作条约)国际专利申请 14058 件,占全国将近一半,连续 15 年居全国城市第一;深圳高新区综合实力也排名全国第二。

然而,深圳最大的短板就是土地匮乏,深圳全境 1997 平方千米,其中大概一半是生态控制线,剩下的 900 多平方千米大体已经开发完毕。在大湾区架构下,深圳要做中心城市和核心引擎,必须大力发展具有超高能量、具有强大辐射能力的高端服务业,但是,深圳担心会发生"产业空心化"现象,因而强行留出 30% 的工业用地红线,目前二产制造业 GDP 占比仍达将近 40%,这个比例远高于纽约、伦敦、东京,也高于北京、上海、广州。

深圳应该怎么做?我已经多次强调,必须改变既有的产业政策,腾挪更多的土地做高端服务业,否则难以实现核心引擎的战略目标。同时,为了解决多年来在住房问题上的供不应求的困局,必须腾挪一

第二章
转型升级：深圳的大趋势

定的旧改工业用地来建设更多的保障房和商品房。我已经建议深圳工业土地红线由30%降为20%，这意味着将有大约90平方千米旧改棚改工业用地被释放出来，为高端服务业用地及居住用地服务，留下大约180平方千米土地做高端"智造"产业，而且，这20%的工业用地未来应该向以科技创新研发为主导的方向走，当然，深圳仍然可以保留一部分真正的高端"智造"和价值很高的制造业。

那么，深圳大量的科技创新研发成果将在哪里实现转化、量产？我们知道，深圳已经拿到了468.3平方千米的深汕特别合作区发展用地，因此，那里将承接深圳大量的科技制造产业。此外，深圳还能够与临深的东莞、惠州，特别是工业基础雄厚的东莞实施科技研发和高端"智造"的深度合作，这就是深莞一体化的深刻背景，这就是华为等众多高科技企业选择东莞的原因。总部及科技研发主体在深圳，智造及部分研发在东莞，这种产业链是最强的城际纽带，在大湾区，在中国，甚至在国际上，深莞城际科创"智造"产业纽带都是最强的，这就是张五常先生之所以看好深圳的重要原因。

东莞是一个神秘而传奇的城市，历史上就以闻名遐迩的莞香造就了"香港"。这是一个潜力无限的城市，40年来以惊人的速度崛起成为世界工厂，莞货通行天下，风靡全球，一时间"东莞堵车，全球断货"成为趣谈。改革开放早期，凭借着靠近香港的地缘便利，东莞利用低人力成本优势发展对外加工业。20世纪80年代，东莞与中山、顺德、南海并称"广东四小虎"，"鞋都""家具之都""服装之都""世界工厂"美誉接踵而来。东莞各镇一镇一品，大都成为珠三角著名的制造业重镇。

然而，2008年全球经济危机后，国内制造业成本大幅提升，东莞订单量急剧下滑，很多小型企业纷纷倒闭，东莞经济开始走下坡路，一些电子业、服装业等劳动密集型企业开始大量外迁。我们知道，一个大型企业外迁可能影响到100多个上下游配套小企业的命运，然而低端产业外迁是产业政策，"腾笼换鸟"是大方向，问题在于：如果低端产业走了，高端产业没有来，会导致产业出现空心化。随着企业外迁和经济运行弱势，东莞地区生产总值有一定程度的减少。

不过，幸亏东莞毗邻深圳，当东莞的大门向深圳大企业张开的时候，华为来了，其他一大批有实力的高科技企业也来了，他们在东莞发现了既可享受低成本价值，又距离深圳总部不远的优势，这样的发展速度很快，到2017年，东莞全市高新技术企业已突破4000家，高技术制造业增加值占比提高到39.0%，R&D（研究与发展）占比提高到2.55%，先进制造业增加值占比首次超过50%，东莞制造业质量和效益的指标均处于历史最好水平，2018年东莞地区生产总值8278.59亿元，比上年增长7.4%，已经完全恢复正常而快速发展的局面。

通过既往10年在高科技产业引领下的产业融合发展，深莞两个兄弟城市都深切体会到两城一体化发展的重大意义。在产业优势互补方面，深莞优势高于广佛，广佛两城的产业同构性高于深莞。但广佛同城化的难度比深莞一体化要高，因为深莞两城在科技研发和"智造"之间的产业联动性极强，从世界工厂到全球智都，深莞的融合发展趋势十分清晰。深莞全球智都，这可能是广深港澳科技创新走廊上的一个意外收获，是深圳依托科技创新和产业链接而产生的内涵式"扩容"。

目前，在深莞超级智都空间内正在生成三大高端产业轴带：一条是科技创研轴带，从深圳南山经宝安、龙华、龙岗到坪山的科技创研走廊；一条是高端智造轴带，从深圳坪山经龙岗、龙华、宝安、东莞松山湖、惠州再到深汕合作区；一条是中央商务轴带，从龙华到罗湖、福田中心区、后海、前海、宝中、沙井到东莞滨海湾新区。

这三条轴带与大湾区广莞深港城市中轴线相交，与广深港澳科技创新走廊重叠，是未来深莞联手打造全球智都的核心价值链和利润链，三条轴带的建设必将把深圳带入全球经济中心的价值高地，三条轴带也将把东莞固有的制造业优势在智造引领下发挥到极致。

我们看到，东莞也在围绕大湾区使命强力推进新价值中心建设，从而形成城市功能的"大三角"战略布局：一个是北部主城CBD，将实施全面改造，东莞希望改变无城央的散乱历史；一个是西南部滨海湾新区，东莞要在大湾区战略下重拾滨海城市的形象和价值；一个是中南部松山湖，将借助华为等全球顶级科技公司实力打造东莞"智造"核心高地。

以深莞全球智都为核心，在大湾区将形成"点线面体"科技大融合的格局，深莞全球智都是"点"，广莞深港澳科技创新走廊是"线"，港深莞惠城市群是"面"，粤港澳世界科技创新大湾区是"体"。

深莞全球智都将全面提升深圳与东莞的城市关系，将从根本上改变深莞既有的"世界工厂"的低端形象和价值，将成为全球高科技研发、创新发展和"智造"产业的最强大的基地。同时，根据硅谷经验，这里也必然成为经济效益和社会效益共享实现的最好区域。在产城一体化发展模式引领下，深莞全球智都必将在全球层级上实现其战略价值的全面爆发。

我对深莞两个兄弟城市的期盼是：走出世界工厂，迈向全球智都，深莞城际融合，发展前程无量！

2019 年 5 月 19 日

科技——中国未来获得全球地位的核心竞争力

一、科技是什么

科技是什么？40年前，邓小平说：科学技术是第一生产力。他为什么如此看重科技在生产中的重大意义？这是因为，40年前的中国比较封闭，生产落后。1980年，中国的GDP只有4400多亿人民币，排在世界第12位，与历史上多数时代中国经济规模占据全球首位的格局无法相比，而人均GDP更是只有300多美元，排在世界100位之后。贫弱的中国急需依靠科技大力推动生产力的飞速发展。发展是硬道理，只有发展和壮大，中国人民才能过上好日子，只有发展和壮大，中国才能在世界上拥有自己的地位。

如今，中国依靠体制改革、对外开放和科技创新发展起来了。2018年，中国的GDP总量已经达到90.04万亿人民币，居全球第二位，人均GDP也将近1万美元，已经是中等收入水平的国家。当然，我们距离发达国家人均数万美元的水平还有很大差距，我们仍然需要进一步改革开放，需要更大力度的科技创新。

今天若问：科技是什么？我们会说，科技是中国未来获得全球地位的核心竞争力。我们必须全力以赴完成中华民族的伟大复兴，建设强大的国家。只有国家强大，人民才能过上更好的日子，只有国家强大，才能得到世界人民和各国的尊重。

二、中国科技面临国际巨大压力

然而，就在我们准备全力追赶发达国家的时刻，国际上的一些敌对势力不高兴了。美国制造了与中国的贸易摩擦。美国是真的在意中美之间的那些贸易逆差吗？当然在意，但是，他们更在意的是中国的科技崛起，因为那才是给美国百年霸权造成真正威胁的东西。

所以，我们看到美国提出的提高关税的10个领域都是高科技产品领域，我们看到美国对中国高科技企业中兴通讯采取了严厉的制裁措施，我们看到美国联合加拿大对中国高科技企业华为的高管实施了非法拘禁。一句话，美国就是要从中国崛起的根基——高科技下手实施全面碾压，打垮中国的高科技，这样，美国才能遏制中国的崛起，继续在全球享受霸权。

中国应该怎么做？40年的改革开放，中国已经没有退路。近年来，中国经济出现结构性发展困局，增长幅度有所下滑，综合运营成本大幅上升酝酿着"中等收入陷阱"。中国唯有坚定不移地加大改革开放力度，唯有加大科技创新，全力建设创新型国家，才能成功抵御来自国际上的各种反扑和竞争，才能推动中国发展迈上更高台阶，才能让人民过上更好的日子，才能自立于世界民族之林，从而实现中华民族的伟大复兴。

从全球数次工业革命和科技革命看，中国都没有赶上。这次以互联网、物联网、大数据、人工智能为代表的科技革命，中国赶上了，而且走在了世界各国的前列。但是，这次的科技革命仍然在继续，前景仍然具有很大的不确定性，人工智能、基因编辑等领域甚至可能给人类带来严重的负面影响，但大趋势不可逆转，各国竞争非常激烈，中国仍面临巨大压力，我们需要百折不挠、齐心协力、奋勇闯关。

三、中国科技创新战略及成就

2016年，中共中央、国务院发布《国家创新驱动发展战略纲要》，提出我国科技创新"三步走"战略目标，到2020年时进入创新型国家行列，到2030年时进入创新型国家前列，到中华人民共和国成立100年时成为世界科技创新强国。

中国科技创新正在深刻改变世界创新版图，取得了一大批有国际影响的重大成就。例如，科学论文的发表数量、专利申请量、科研人力、研发经费总量、生活质量、工业水平等方面都有大幅提升，我国的载人航天、深海探测、超级计算、煤化工、人工智能、高速铁路、特高压输变电、高难度油气田、核电、超级水稻、超导、中微子、量子信息、外尔费米子、纳米科技、空间科学、干细胞和再生医学、生命起源和进化等领域的科研水平已经接近、等同甚至超越国际水平。

中外城市竞争力研究院和中商产业研究院的一项联合研究表明，中国在2018年的全球国家（经济体）竞争力排行榜上，已经名列第二，仅次于美国，而且得分远远高于位列第三的日本。

过去10年，中国的研发支出以18%的年化复合增速快速增长。联合国教育、科学及文化组织（以下简称"联合国教科文组织"）的一项关于各国研发经费投入的研究显示，前10个国家的研发支出就占到全世界研发支出的80%左右，其中中国3706亿美元，也是排名第二，也是远远高于第三名日本的1705亿美元。

美国塔夫斯大学所做的"数字演化指数"研究表明，中国数字经济发展迅猛。他们做了一张2017年全球数字经济发展的象限图，其中，美国、德国、日本等发达国家都位于突出区和停滞区之间的位置，而中国则位于爆发区和突出区之间的位置。

中国已经深切领悟科技创新的价值。近年来，各大城市之间的人才大战正是折射了这种关切。全国的科技人力资源超过8000万人，工程师数量占全世界的1/4。中国近年来每年的高校毕业生数量都在增长，达数百万之巨，科技人才已成为中国在全球进行科技创新竞争的强大力量。

从研发投入看，中国在科技研发投入上日益重视，2018年已达1.7万亿，其中政府投入占比22%，企业机构投入占比78%。企业机构投入占比在迅速提升，表明科技成果从研发到产品的转化在加速。

中国近年来各个城市明显加强了研发经费的投入，目前排在研发经费投入前列的城市有北京、西安、深圳、上海、武汉、杭州、合肥、南京等。全球城市竞争力报告所列2016年全球科技创新指数最高的城市前20名中，北京第6名，深圳第11名，上海第20名。而2018界面中国城市创新竞争力排名中，北京、深圳、上海、广州四大一线城市依次为前四名，可见，城市综合实力和科技创新竞争力高度契合。

四、中国科技创新的两个成功案例

1. 城市案例

深圳可谓中国科技创新的城市经典范例，甚至以国际眼光看也具有特别意义。深圳的研发投入90%出自企业，因此，科技成果转化率非常高，达95%以上，深圳的国际专利申请量占到全国的47%，几乎占半壁江山；2017年，深圳市以4%左右的投入强度占比，仅次于北京，位居全国城市第二。2017年，国家统计局更改了GDP统计的方法，把研发经费投入计入，当年深圳的GDP总量净增600多亿，一举超过广州。深圳的经验表明，未来中国城市的竞争将越来越依赖科技创新的作用。

2. 企业案例

华为则是中国科技创新企业的经典范例。2018年，华为的销售收入已经超过7000亿人民币。华为多年来在170个国家建立了庞大的市场和投资网络，在5G领域已经成为全球标准制定者以及最大的技术和产品供应商。华为成功的关键就是持续的研发投入，掌握核心技术，不被人卡脖子。华为18万在职人员，其中就拥有8万多研发人员，每年10%的销售收入都投入研发经费中去。欧盟发布2018年全球研发百强企业名单，华为列世界第五，中国第一。华为一朝醒来，发现前无标兵，实际上就是多年来习惯了追赶别人，目前突然成为全球第一，成为别人追赶的标兵。这让华为清醒地意识到，不进则退，如果不能扛起重大的全球性的科技研发创新的社会责任，则迟早会被颠覆、被淘汰。

五、中国科技创新面临的问题

当然，我们不能忽视中国科技创新发展所面临的一系列问题。一直以来，我国科技创新与经济发展相互分离的现象比较严重，过去40年中，科技原创能力不足，整体科技的基础研究能力和核心技术相对薄弱。

中国基础研究在研发投入中占比仅5%多，而美国占比高达20%左右；中国规模以上企业的研发强度不到1%，而西方发达国家普遍在3%~4%；2016年中企研发投资占全球总量仅7.2%，远低于美国的38.6%、欧洲的27%、日本的14.4%；中国对外技术依存度高于40%，而创新型国家此项标准在30%以下；中国缺乏具有全球影响力的科技原创生态圈和产业链，科技创新的市场化动能不足，仍然有一系列限制性政策。

据联合国等国际权威机构认定，总体看，中国科技水平在世界主要国家中仍然处在中游水平，我们仍然有很长的路要走，对这一点必须有非常清楚的认识。

六、中国科技创新优势及前景

我们也必须看到，近年来，中国的科技发展程度在迅速推进，中国正逐渐摆脱过去对重化工业及资源型产业的路径依赖，一大批科技引领的先进制造业正成为越来越多省市经济发展的支柱。

中国在人工智能领域发明专利授权量已居世界第二，在智能监控、生物特征识别、无人驾驶等领域的一批龙头企业正在加速成长。中国正在"数字时代"的前沿大力创新并且掌握了越来越多的核心技术。中国正在构建开放协同的科技创新体系和培育高端高效的产业体系，正在以科技创新为抓手实现战略发展中新旧动能的转换。按照世界知识产权组织的基本研判：中国在全球制造业创造的价值链中的地位正在稳步提升。

2019年，对于中国的科技创新来讲，是一个什么样的年份？可以说，2019年是5G元年，是全球5G技术大爆发的一年；是物联网取得重大进展的一年；是全球AI（人工智能）企业开始大面积取得收益的一年；是互联网变革式开创中国应用程序的一年；是大数据突破数据库限制而进入"数据流"时代的一年；是中国科技企业IPO（首次公开募股）大幅增长的一年；是中国在全球的科技实力排位实现跨越式发展的一年。

可以预见的是，科技创新必将成为中国未来获得全球应有地位的核心竞争力，我们对中国成长为全球科技创新领军国家有充分的信心。面对国际上日益激烈的竞争和挑战，面对全球化急需全面提升水平的考验，面对国际科技创新发展的一系列重大机会，我相信中国一定会抓紧机会，全力在新一轮科技创新推动经济社会全面发展的世界背景下凸显中国力量的伟大。

让我们拭目以待！

2019年4月19日

论产业、房地产与城市发展的关系

一个城市的发展，往往和产业以及房地产之间存在密切关系。历史上曾经出现过若干种产、房、城的关系模式，下面将列举一下。

第一，工业园、产业园区模式。这种模式下，住房建设和城市公共服务配套相对滞后。

第二，卧城模式。这种模式在国外比较多见，通常在大城市外围地带，以住宅为核心，产业空间很少，城市公共服务也比较滞后。

第三，政府导向的造城模式。这种模式在中国很多城市都存在，特别是中小城市，都是政府规划出来，按照大城市布局去发展，结果城市功能分散，不利于产业集聚，不利于居住成熟，也不利于基础设施及公共服务的合理布局和效能发挥。

第四，城市功能组团极端化模式。这种模式过度强调功能分区，人为分割产、房、城关系，最后造成功能错位布局、缺乏良性互补的严重后果。

第五，花园城市模式。这种模式最初是由19世纪末英国社会活动家霍华德提出的"田园城市"概念而引发的一种城市规划和建设模式，以田园、绿带弱化城市单一外扩，这种模式的好处是可以对摊大饼式的城市外延发展做到巧妙合理的阻断，但在中国这种城市人口稠密的国家，实施这样的模式显然有很多不切实际的困难。

第六，副城模式。这种模式可形成城市的副中心地区，是主城核心区功能外溢的产物，通常由特色产业和城市功能引领，其人居和城市功能配套通常也较好，是解决产、房、城协调发展的相对理想模式。

第七，卫星城模式。这种模式是与城市主城关系更加分散的城市圈产物，具有更强的相对独立性，通常是产、房、城均衡发展的功能性小城模式。

第八，特色小镇模式。这种模式是近年来国家大力扶持发展的一种产、房、城融合发展空间模式，也是依托乡村或特色资源和产业建设的小城镇模式。

以上不同的城市空间模式存在不同的产、房、城发展模式，有些是三者比较协调的，有些则存在三者之间的严重失衡现象。例如，20世纪八九十年代建设的若干大型产业园区，由于重产业、轻配套，导致产、房、城关系不平衡，产业过强，而住房和城市公共配套服务项目过弱；再如，过去20年，一批中小城市借助国家实施的住房货币化改革形势，大规模开发房地产，导致这些城市的住房过剩，库存量过高，因此不得不启动住房的去库存程序，而产业和城市公共服务配套则相对偏弱；又如，多年来，国内有些中小城市盲目建设新区，造城运动后遗症较为严重，这些所谓的新区占用大面积的城市土地，还直接导入大城市的开发模式，如大马路、大广场、空旷的办公环境等，城市空间利用不合理，造成浪费，而且由于公共配套缺口较大，新建住房的入住率低，空置率较高。

可见，一个城市空间的合理布局和发展，必须坚持以人为本，走符合城建规律的产、房、城一体化发展道路。要坚决打破既往不均衡的城市布局和建设格局。未来城市的发展趋势一定是产、房、城更加协调发展的趋势。无论是大城市、中等城市还是小城市，都有必要从长远战略出发，科学合理地做好产业发展、房地产开发和城市综合公共服务配套协调发展的战略布局，让城市真正成为以人为本的和谐家园。

2019 年 5 月 18 日

临空经济：前景不可估量

近两年来，北京、青岛、深圳等国内大城市都遇到了临空经济的发展问题。各个城市空港地区的政府和企业都非常迫切地希望了解如何利用临空经济有效推进当地经济增长和社会发展。我就此对临空经济专门做了研究，本文就是有关这项研究的基本分析。

一、临空经济的来龙去脉

1. 临空经济的缘起

1959年，爱尔兰成立了香农国际航空港自由贸易区，它包括紧靠香农国际机场的香农自由工业区和香农镇，自由贸易区利用国外资金和原材料，大力发展出口加工业。这是世界临空经济最早的信息。

2. 日本的迅速跟进

从20世纪60年代起，日本政府就先后提出了在东京、大阪建设三大国际空港的课题，新东京国际空港（成田）、东京国际空港（羽田）、关西国际空港成为日本最重要的航空港。日本采用了研究—建设—再研究—再建设的方针，使得航空运输在日本得到了飞速的发展，形成了建设与发展的良性循环。

3. 临空经济的全球大拓展

临空经济作为一种全新的国际经济模式诞生后，几十年间，在世界各国获得了飞速发展，目前，全球各个重要城市都依托大型机场形成了大型空港区，建设了临空经济区域。

4. 临空经济大发展的时代背景

第二次世界大战（以下简称"二战"）后全球经济由复苏到快速成长，形成大发展格局，而航空业在国民经济中的重要性日益凸显。贸易全球化要求国际、城际产业和市场互动更加便捷、快速、高效，与此同时，金融、高科技、互联网等现代产业的轻型、速率强劲刺激了临空经济的发展。在国际产业经济快速发展的基础上，各国政府都投放大量政策扶持临空经济，以适应全球经济成长的迫切需要。

5. 临空经济的基本概念

所谓临空经济，是指以航空运输（人流、物流）为核心指向，在相关产业经济发展中形成具有自我增强机制的聚集效应的背景下，在机场周边形成各类与航空相关的产业链集群，并且在更广的区域内形成空港城这种独特的城市区域，形成以临空指向产业为主导、多种产业关联的独特的经济发展模式。

6. 临空经济发展的基本条件

一般说来，发展临空经济需要以下一些基本条件：

（1）国际间形成开放式的经贸关系格局。

（2）雄厚的城市经济底蕴。

（3）规模化、设施完备的机场。

（4）便捷的地面交通和商务设施。

（5）良好的区域内产业结构，较长的产业链。

（6）相对配套的城市公共服务体系。

（7）良好的自然生态环境。

（8）较强的政府政策支持力和执行协调力。

7. 临空经济区基本空间布局模式

目前，国内外临空经济区的总体规模在30平方千米至150平方千米范围内。与城市的空间关系分为城市主城型和城市郊外型两大类。临空经济区的产业圈层概念有以下四种：

（1）机场核心圈。半径1千米，面积3～5平方千米。

（2）空港服务圈。半径3千米，面积10～30平方千米。

（3）临空制造圈。半径5千米，面积50～80平方千米。

（4）航空城域圈。半径10千米，面积100～200平方千米。

现实中的临空经济区格局是以机场为核心，依照产城格局进行功能板块设计的。

8. 产业进入临空经济区的条件

一个产业能否进入临空经济区的核心条件在于，该产业是否具有明显的航空枢纽指向性。具体有以下三种指向性因素：

（1）丰富的航线资源和便捷的航线连接性。
（2）交通集散能力以及运输的快速性和时效性。
（3）集散产品及服务的高价值性。

这种指向性有一个简洁的公式：

$$y = f(t, p, v)$$

y 表示产业的临空经济指向性或者依赖航空枢纽的程度。
t 表示产品或服务要求送达或提供的时间。
p 表示单位产品或者服务的价格。
v 表示单位产品或者服务所占用的运输舱位数量。

当 t 和 v 越小，p 越大时，该产业的临空经济指向性越强，对航空枢纽的依赖程度就越高。

9. 临空经济区的主要产业

临空经济区通常的产业主要包括以下五大类：

（1）航空枢纽服务型产业。包括直接为机场设施、航空公司及其他驻机场机构（海关、检疫检验等）提供服务的配套和后勤产业等。

（2）航空运输和物流服务产业。航空运输的货物一般具有重量轻、体积小、技术精、价值高、鲜活和事急等特点（如航空快件、黄金宝石、鲜活产品、高级冷冻食品、花卉、贵重药品、精密机械和高档电子产品及零部件，以及救援性航空运输服务等）。也包括为航空客运服务的航空旅馆业。

（3）具有明显航空运输指向性的加工制造业和有关服务业。内容包括航空物流辅助加工业、航空工具与用品的制造业、航空运输指向性较强的高新技术产业，以及国际商务服务业、会展业和航空竞技业等。

（4）以具有明显航空运输指向性的研发和管理公司为主的地区总部经济。临空经济区集聚了大量的人力、物流和信息，加上高档办公设施的完善，增强了对公司总部的吸引力，从而在临空经济区形成总部经济。

（5）空港城特色的城市综合高端服务业。为空港城的大量居住人口、商务人口以及休闲人口提供各类高端城市服务。

10. 城市三大交通经济区的互动整合

（1）陆路：依托高铁站点形成的城市临轨经济区，区域经济交通运输中心。

（2）海路：依托滨海港口形成的城市临海经济区，国际重型资源交运中心。

（3）空路：依托大型机场形成的城市临空经济区，国际轻型资源交运中心。

从综合交运经济能量看，上述三大经济区齐全的城市，其开放经济的潜能也是最大的。

11. 临空经济的发展趋势

在全球化不断发展的格局下，临空经济将形成全球联动经济体系。临空经济将成为世界最大、最重要的集群化产业链之一，临空经济区将成为全球各大机场的标准配置，也将成为所在城市的重要经济增长点。

二、我国临空经济的发展现状及前景

1. 我国临空经济的崛起

改革开放以来，我国的航空业得到了迅猛发展，特别是加入WTO（世界贸易组织）后，中外客货运输量都得到了大幅增长。截至2018年年底，全国已有机场233座，其中，年旅客吞吐量达到2000万人次的机场有20座，最大的北京首都机场年旅客吞吐量达到10098万人次。近年来，国内机场的货物吞吐量增长也非常快。

进入21世纪后，我国临空经济由起步阶段逐步加速发展，2013年至2017年，国家批准了6个临空经济示范区，目前已有上百座机场在不同程度地推进临空经济区建设。未来10年，我国临空经济区数量、经济总规模及产出都将成为全球之最。

2. 国家设立临空经济示范区的重大意义

（1）紧紧围绕优化空间发展布局，促进区域协同发展。

（2）推进航空枢纽建设，构建立体交通系统。

（3）发展优势特色产业，构建高端产业体系。

（4）提升开放门户功能，辐射带动区域发展。

（5）加强生态环境保护，促进绿色低碳循环发展的建设任务。

（6）不断释放我国民航运输业的发展潜力，促进民航业更快更好地发展。

（7）优化我国经济发展格局、全方位深化对外开放、加快转变经济发展方式。

3. 案例一：郑州航空港经济综合实验区

2013年3月，国务院正式批复《郑州航空港经济综合实验区发展规划》，使其成为国内首个航空港经济综合实验区，规划面积415平方千米，以新郑国际机场、新郑综合保税区为核心的航空经济体和航空都市区，成为现代产业基地、内陆地区对外开放重要门户、现代航空都市、中原经济区核心增长极，形成"一核领三区、两廊系三心、两轴连三环"的空间布局。

4. 案例二：青岛胶东临空经济示范区

2016年10月，国家发展和改革委员会（以下简称"发改委"）、民航局联合批复同意建设该经济示范区，规划面积149平方千米，依托青岛新机场，推进临空指向性强的现代服务业、高端制造业集聚发展，打造区域性航空枢纽、高端临空产业基地、对外开放引领区和现代化生态智慧空港城，构建"一核五区一带"空间发展格局，并且同步带动周边区域建设发展。

5. 案例三：重庆临空经济示范区

2016年10月，国家发改委、民航局联合批复同意建设该经济示范区，规划面积上百平方千米，以重庆江北国际机场为核心，范围涉及渝北区及周边多个大型产业园区，形成内陆开放空中门户、临空高端制造业集聚区、临空国际贸易中心、全国创新驱动核心区、低碳人文国际临空都市区。该区域主要分为临空制造区、临空商务区、临空物流区、临空会展区和临空都市农业区。预计到2020年，临空产业产值可达到2500亿元。

6. 案例四：北京新机场临空经济示范区

2016年10月，该示范区经国务院批准同意，国家发改委发文，规划面积约150平方千米，将成为京津冀一体化背景下产业发展的四大主要承接平台之一。根据规划，北京市将与河北省合作共建新机场临空经济区，以在建设中的北京新机场为依托，形成中国的全球门户、首都的世界客厅、京津冀的新增长极，对接机场功能布局，规划航空物流区、科技创新区、服务保障区等区域。临空经济区整体开发总投资将超过2000亿元。

7. 案例五：上海虹桥临空经济示范区

2017年1月，该示范区经国家发改委、民航局批复同意建设，规划面积13.89平方千米，将形成国际航空枢纽、全球航空企业总部基地、高端临空服务业集聚区、全国公务机运营基地和低碳绿色发展区。目前，园区入驻企业已达1000余家，其中总部企业30家，世界500强10家，"十三五"期间，示范区内的航空服务业年均增速将力争达到12%以上。

8. 案例六：广州临空经济示范区

2017年年初，该示范区经国家发改委、民航局批复同意建设，规划面积共135.5平方千米，准备将国际航空枢纽打造成为广州新的动力源和增长极，落实空港经济区966平方千米研究范围、439平方千米的总体规划范围，形成"港城一体、空铁一体、三港联动"的总体发展策略，构建"一心三廊、三港七区"的整体空间格局。

三、深圳大空港战略布局

由于深圳的临空经济发展十分具有代表性，这里要对深圳大空港进行专门的介绍和分析。

1. 深圳为什么要建设大空港

深圳位列中国改革开放第一阵地，是全国市场机制最好的城市。深圳是全国经济中心城市，在中国内外两个市场上起着重要的交融平台作用，目前已成为拥有2200万人口、年GDP 2万亿元、人均2.5万美元的超大城市，在高科技、金融、互联网、新能源、生物科技等现代产业领域遥遥领先，拥有自我培育的7家世界500强公司，拥有全国最强大的陆地、海上、空中全系列现代交通体系，机场业务增长速度快，机场位于粤港澳大湾区核心地段，潜力无限。

2. 深圳大空港建设是如何推进的

2011年9月，深圳市宝安区政府和深圳市规划和国土资源委员会联合举行了"大空港发展研讨会"；2012年，深圳政府公报表示，深圳将正式推动大空港建设；2013年，深圳政府成功出台《大空港地区综合规划》；2013年12月，深圳提出发展"湾区经济"，力争实现海空"双港齐飞"；2015年年底，深圳成立大空港新城办，肩负规划、建设和管理的重任；2013—2017年，大空港的投资额逐渐增加，投资力度稳步上升。

大空港的建设分三步走：一是2018年前建成一批基础性、功能性项目，拉开空港都市区发展框架；二是2020年前建成开放合作、高端引领、创新驱动、环境优美的国际一流空港都市区；三是2025年前全面建成国际知名的空港都市区、湾区新城。

3. 深圳大空港的地理位置优越性

深圳大空港处于广佛肇、深莞惠、珠中江三大城市圈交汇处，处于广深港核心发展走廊、东西向发展走廊，处于"珠江口环形经济圈"的核心位置，处于未来全球最繁华、最具活力的都市圈中央地带，距南沙、前海自贸区直线距离均约20千米，规划范围95平方千米，是前海合作区面积的6倍。

4. 深圳大空港的基本定位

深圳大空港位列深圳市十七大重点开发片区之首，其定位非常高：粤港澳大湾区新城、国际一流空港都市区、粤港澳协同发展引领区、前海战略拓展区、海上丝绸之路互联互通枢纽区、大湾区经济核心区、国家未来产业创新集聚区。

5. 深圳大空港的空间结构

深圳大空港的空间结构为"两核、两带、五区"。

（1）两核：空港核心区、会展核心区。

（2）两带：西部活力海岸带、综合功能发展带。

（3）五区：机场片区、福永片区、新城核心区、半岛区、离岛区。

6. 深圳大空港的三大产业集群

深圳大空港着力打造三大产业集群。

（1）航空服务和高端物流产业集群。

（2）会展旅游与创意服务产业集群。

（3）科技服务与高端制造产业集群。

7. 深圳大空港的"空海铁地快"五维交通枢纽

（1）空港：深圳机场为国家干线型枢纽机场。2016年，深圳年货运量112万吨，居全国第四，同比增长11%，增速领先于香港、北京、上海、广州等主要机场。2016年客运量达4197.5万人次，实现了客流的又一次千万级跨越。

（2）海港：机场客运码头，直通港澳台以及国内各大港口码头。即将开通的"机场直达中山"的海运客运航线，再次拉近了深圳与珠江口西岸各城市的距离，为深中大桥开通打头阵。

（3）高铁：沿江高铁的广东段—深茂高铁将在机场设机场东站（国家级），成为深圳第六个高铁站。届时，高铁与机场人流在这里汇聚，将产生巨大的人流、物流和钱流。大空港商机无限，投资潜力巨大。

（4）地铁：已经开通的地铁1号线和11号线，让大空港与深圳各区紧紧相连。即将开通的20号线、12号线和"穗莞深城际快线"，使大空港与东莞、广州、中山等城市之间的往来形成"一小时生活圈"模式。

（5）快线：沿江高速和广深高速，以及即将开通的外环高速，帮助大空港实现快速人流物流的运行。马上将被改造的107国道，是深南大道的延伸，从大空港旁边穿越，可进一步提升大空港的"档次"。最重要的是深中通道的开建，打开了深圳通往珠江口西部的大门，使深圳西拓获得更大的发展空间。2022年后，大空港将成为深圳名副其实的"交通中心"。

8. 深圳大空港顶级项目：两中心一馆

（1）深圳国际会展中心：总建设用地面积148.05万平方米，展厅总面积50万平方米，世界最大。

（2）国际会议中心：用地面积27万平方米，建筑面积50万平方米。

（3）新科技馆：集全球最先进的科技展示和交流活动，是深圳标志性建筑之一。

9. 深圳大空港基本目标

（1）2020年目标。

1）大空港建成一批基础性、功能性项目。

2）基本完成启动区开发建设，拉开空港都市区发展框架。

3）规划航空客运吞吐量达到4500万人次（事实上今年年底即可完成）。

4）货邮吞吐量达到200万吨。

5）地区生产总值达到600亿元。

（2）2025年目标。

1）大空港基本建成开放合作、高端引领、创新驱动、环境优美的国际一流空港都市区。

2）航空客运吞吐量达到5200万人次。

3）货邮吞吐量达到280万吨。

4）地区生产总值达到1600亿元以上。

5）全面建成国际知名的空港都市区、湾区新城。

10. 深圳航城街道打造临空经济高地的经验

航城街道位于宝安区西南境内，机场东南方，是大空港直接覆盖的行政街道，辖区面积45.62平方千米，总人口45.9万人。街道目前拥有工业企业2205家，产值10亿元以上企业3家，产值亿元以上企业 53 家。街道共有国家级高新技术企业 165 家、上市企业 3 家、科技载体 12 个，其中市级创新科技园 3 个，已引进各类企业 138 家，2016 年全年规模以上工业企业累计实现产值 380 亿元。

在大空港战略的引导下，航城街道未来将重点聚焦临空经济，提升产业发展质量，以现代化、国际化为标准，聚焦港城融合，提升城市建设质量，以多元交互共治为导向，聚焦安全稳定，提升基层治理质量，以保障民生为核心，聚焦群众幸福感，提升公共服务质量。其未来将大力发展跨境电商、航空物流、现代商务等临空产业，全力融入国际一流空港新城，与上海"大虹桥"相媲美，着力打造"航港枢纽、科教高地、山海航城"的临空经济高地。

四、对全国各城市依托空港发展区域经济的一点建议

临空经济已成为全国各大城市空港地带发展战略的核心内容，各地空港地区在各自城市的战略地位都将越来越重要，应综合考量区域优势和条件，实施临空经济带动下的联动发展。

各个临空经济区周边区域的总体规划内都应找准自己的基本定位，与临空经济区实施差异化的发展战略和策略，主动推出与临空经济区的对接性政策和措施。要学习国内外临空经济区域成功的开发体制和机制，建立政策和市场双导向发展模式，高效推进本地临空经济区域产业园区的错位发展，使其成为当地新的经济增长点。

2019 年 9 月 24 日

深圳国土空间规划面临的若干问题

深圳正在进行新一轮的国土空间规划。对于深圳这样一座人口、资金、经济都处在高成长通道里的超大城市来说，这是一件很不容易的事情，为什么？因为不确定性的因素太多。国内外形势不断出现重大情况和变化，完全不同于以往相对平稳的形势；粤港澳大湾区和深圳建设中国特色社会主义先行示范区两大国家政策落地，深圳似乎在进入核心位置，但事实上又没有那么简单。是不是核心城市地位，在国土空间规划上会有非常大的差别。另外，今年是深圳经济特区建立40周年，不排除中央投放涉及国土空间重大变化的政策。加上多规合一的新规划模式，这意味着这一轮的深圳城市国土空间规划必然面临艰巨的任务，必须要有全新思路，2020—2035年，深圳国土空间规划一定是突破性、动态性、开放性、跨域性、内涵导向性都非常强的创意性规划。

下面我就谈一谈深圳国土空间规划面临的若干重要问题。

一、深圳城市政治赋能背景下带来的空间规划视野的重大改变

深圳为什么一直没有被列入国家中心城市？由于国家中心城市首先着重国家政治属性，是政治赋能，而深圳的政治属性不强，一直以来缺乏国家的政治赋能。这次，先行示范区是全方位的改革格局，意味着原有的单一的经济特区功能和使命事实上结束了。

2019年，中央提出深圳建设中国特色社会主义先行示范区，这显然有明显的国家政治和国际政治功能的赋能问题，是准备让深圳代表中国城市向世界展示中国特色社会主义的发展道路、发展经验、发展成就，是要深圳在国际政治舞台上扮演重要角色。这样，国土空间

规划就必须充分明晰这个重大的赋能性改变，要在空间关系、空间布局、空间结构、空间形象等方面充分体现这种国家政治和国际政治的基本属性，要有空间上的国家政治赋能。深圳再也不能走经济特区那种纯经济的发展路线了，也不能走纯粹经济导向的规划路线了。

二、从九个层次对深圳国土空间做扩容式的规划考量

深圳1980年建特区时，人口30万，GDP 2.7亿。2019年，常住人口1400万，实际管控人口2500万，比1980年增长了83倍，GDP可能超过2.6万亿，是1980年的大约1万倍，但面积几乎没有变化，大体还维持在1997平方千米（包含多年来填海新增的部分）。说直白一点，深圳这个拥有巨无霸能量的城市与它的面积不相匹配，土地匮乏、供需失衡，导致物业价格上涨，一些公司便将部分业务进行搬迁，几年来，有不少企业搬走了。这种情况下，深圳希望有更多空间来承载它不断递增的能量，以延续其一贯以来的良性增长态势，所谓"扩容"的要求就产生了。

其实，以增加城市承载能力的视角看，"扩容"并不一定是行政区划改变，多年来，深圳一直在以各种方式推进城市的"扩容"，大概以下九大类方式，可为国土空间规划提供参考。

第一类，内部整合式扩容。增加城市承载力，最简单的办法就是，提高城市内部土地的综合利用率，实现内部整合式扩容。比如，2010年的特区扩容，由原来的所谓"关内"扩大到"关外"全境，实现特区内外一体化，这样的城市内部扩容，可让特区政策辐射到全市，极大地提升了城市整体功能和运行效率。再如，2019年的高新区扩容，由原来的11.52平方千米扩容到159.48平方千米，这无疑对强化深圳在大湾区的科技创新优势有着重大的意义。又如，今年可能推进的自贸区扩容，由原来的15平方千米小前海扩容到120平方千米的大前海，这将大大有助于于强化深圳的深度开放和全方位开放。这种内部整合式扩容尽管没有涉及整个城市的增量土地问题，但

对于有效提升城市承载力和城市价值仍然具有非常大的意义。

第二类，提升容积率扩容。2019年年初，深圳就宣布全市提高容积率，各个密度区分别提高了0.2～0.5的容积率，这意味着深圳的城市承载力全面提升。当然，这种提升容积率式的"扩容"，在提高城市承载力和空间利用率的同时，也增加了城市的建筑密度，降低了城市环境品质和舒适度，可见，这样的扩容也是不得已而为之的，需谨慎推行。

第三类，地下空间类扩容。如果说，提高容积率是向天空"扩容"，发掘城市地下空间就是向地下"扩容"。深圳市在2018年推出了《深圳市地下空间开发利用暂行办法》，正式迈开了向城市地下进军的步伐。城市地下空间利用的形式包括城市轨道交通、地下商业街、地下综合体、综合管廊、地下停车场、地下道路和市政工程等。深圳目前已经开发利用了5200万平方米的地下空间，有利于促进城市的包容性、安全性、韧性和可持续性四大战略目标。当然，与国际先进城市相比，深圳的地下空间利用率还有待在更大范围内、更深程度上得到有效"扩容"。

第四类，硬性填海式扩容。作为滨海城市，深圳的"扩容"离不开填海。40年来，深圳已经填海数十平方千米。2017年11月底，深圳公布了《深圳市城市建设与土地利用"十三五"规划》，按照这个规划，深圳准备于2020年之前在12个地方填海，总面积为28.2平方千米。而2017年12月公布的《广东省沿海经济带综合发展规划（2017—2030年）》中，深圳2016年至2020年的填海指标为10平方千米，这样看来，省市的两个目标面积显然有出入。但不管多少，深圳继续填海"扩容"的势头没有改变。回头看看，深圳填海最多的深圳湾，当地的商务产业密集度已经非常高，那里的房价也已经是深圳之最，以填海创造更多城市承载力和综合效益的成果，一目了然。

第五类，临深功能性扩容。深圳的经济体量太大，不可能把所有经济活动都放在深圳国土空间范围内，外溢是必然现象。多年来，深圳在行政区划没有扩容的背景下，其产业和经济活动不断向周边地区外溢，形成了临深功能扩容带。这种经济功能性向临深地区的外溢也

第二章
转型升级：深圳的大趋势

是深圳的一种特殊性质的"扩容"。

第六类，深汕飞地式扩容。近年来，深圳最引人关注的"扩容"可能就是深汕特别合作区的发展了。我最早把它称为"东深圳"，这个概念获得了普遍的认同。这个合作区成立于2011年，总面积468平方千米，由于中间隔了个惠州，因此被称为"飞地"。起初只是深汕两市齐抓共管的均等合作模式，2017年正式授权由深圳单方全面管理，深圳把深汕合作区看作第11区。尽管离深圳本城有一定距离，但由于有"直管"这个政策红利，深汕合作区这块飞地呈现出高速发展态势，2019年前三季度，合作区的经济增长出现25.2%的高速度，让人想起20世纪80年代的深圳。可见，深汕飞地式扩容是一种有特色、有潜力、有价值的模式，值得维护和推广，深圳应该在包括深汕特别合作区在内的总体国土空间内寻求产业结构的总量平衡和产城一体化的合理布局。

第七类，深圳都市圈扩容。尽管有粤港澳大湾区这样一个大体量的城市群，但其内部仍然有"小群落"，比如深圳都市圈，这个都市圈有多大？首先是深莞惠，这个已经相对成熟。然后是近年来提出的"3+2"都市圈，即在深莞惠基础上，再加上河源和汕尾。现在五市已经开过几次联席会议，强调共同发展。我认为，深圳都市圈仍然会扩容，因为深中通道正在加快建设，预计2023年通车，那时，中山也将被纳入深圳都市圈。此外，拟议中的深珠通道有可能于近年获批并开工建设，这样的话，珠海也迟早会被纳入深圳都市圈，形成"3+2+2"的七城格局。我认为，深圳都市圈可以被看作深圳的一种更加宽泛的"扩容"，是深圳能量外溢辐射最直接、最高效的空间，应该在都市圈和大湾区城市关系架构内，通过政府和市场双重作用力实现互联互通和枢纽功能的"扩容"。

第八类，海洋经济性扩容。我们都习惯了把1997平方千米看作深圳的总面积，事实上，深圳还拥有1145平方千米的海洋面积，海岸线长260千米，大鹏湾还被国家机构评为中国最美的八大海岸之一。深圳海洋资源十分丰富，海洋经济贡献快速增长，2018年，海洋生产总值占全市GDP的9.6%。深圳在全国最早提出发展湾区经济，被国家认定为全国仅有的两个全球海洋中心城市之一，而且排在上海之前。深圳已布局在未来几年投入上千亿元资金用于全球海洋中心城市建设。由陆域走向海域，深圳的海洋经济性扩容必将为深圳未来的长远发展打开一扇明亮的天窗，引导深圳经济向更高、更深的方向拓展。

第九类，行政区划性扩容。讲到最后，尽管有点敏感，尽管是最难的一种扩容，我还是要提到大家最关心的行政区划性扩容问题，因为，这是大家认知中最正宗的"扩容"概念。今年会不会真有行政区划性扩容的事发生？我不知道，但传闻不少。从国家层面看，近日有高层会议提及了这个问题，意在通过局部调整行政区划，使区域资源配置和经济运行更加通畅、合理。从执行层面看，近期山东济南把莱芜并入是做出了一个恰当的范例。深圳如果真有扩容，当然不是为了扩容而扩容，而是为了最大限度发挥深圳作为大湾区核心城市的作用，为了使区域资源更加合理融合利用，为了让大湾区区域经济得到更加高效的发展。从这个意义上说，深圳的行政区划性扩容是必要的，是符合都市圈和大湾区长远发展趋势要求的，因而是可能的。同样，这种政策性极强的问题，涉及方方面面的利益协调，并不是一件容易的事，在这个意义上说，今年深圳若没有发生行政区划扩容，也是正常的。

以上九大类扩容，多年来交叉推进、此起彼伏，都是为了适应深圳的快速成长，为了有效提升深圳的城市承载力，为了让深圳在大湾区乃至全国经济发展中发挥更加强有力的中心城市的作用。在2019年被国家赋予建设中国特色社会主义先行示范区以及在21世纪中叶建成全球标杆城市的重任后，深圳全方位、多角度推进城市扩容就显得更加迫切，期待全方位的扩容能为深圳的国土空间规划提供一定的借鉴和参考，同时能够为先行示范区建设带来新的机遇、动能、活力和改变。

三、深圳门户中心价值战略提升带来的空间关系的巨大改变

过去在大湾区有一个非常明显的问题：门户中心与经济中心分离，广州是门户中心，深圳是经济中心，而这种门户中心与经济中心分离的现象并不符合区域经济的发展规律。

过去门户是两头重心：广州是华南门户，香港是国际门户。深圳作为大湾区科技、经济中心城市，却没有相应的门户地位，这对深圳来讲比较不利，而这种门户中心与经济中心分离的交通格局也不够合理。未来深圳的门户地位必须也必将大幅提升，多条跨江隧道和桥梁、机场、高铁、跨境地铁等将高效引导大湾区的互联互通，推进大湾区发生跨越式改变。

总之，在大湾区，核心的大交通门户将由目前的广州向南推进，重心下沉到深圳，从而形成广深联合的大交通门户区域，这个问题在《粤港澳大湾区发展规划纲要》中已经有明确的阐述，深圳的国土空间规划应清晰阐述这个大交通新门户对深圳乃至都市圈、大湾区的深刻影响，并在具体的规划中得以充分体现。

四、如何解决深圳当前用地结构的严重失衡问题

深圳用地结构长期存在失衡问题。

第一，住宅用地及建筑面积指标的严重不足问题。目前的初步空间规划安排，居住用地面积由现在的22.6%提升到2035年的25%，我认为这仍然不够，还需要再提升，至少应该提升到30%。从国际经验看，一般城市普遍的住宅用地占比都超过40%，反而住宅用地的容积率不宜过高。现在深圳正好相反，普遍已上推到50层、60层，最高77层，这是不宜居的，应该进行合理控制。

第二，公共服务项目用地不足的问题。深圳初步推出的国土空间

规划提到此类项目用地由目前的5.8%提高到2035年的8.4%，与全国近年来12.5%的平均值还有很大距离，我认为还需要再提升一下，能否考虑提升到10%，因为教育、医疗、文体设施等公共服务项目比较弱，需要加强。

第三，去年以来写字楼的供应量增幅较大及空置率较高问题。高空置率和前年的P2P（互联网金融点对点借贷平台）爆雷、去年的经济下滑有关，所以退租现象比较普遍。但我认为从长远看，从先行示范区发展的趋势看，深圳的商务产业发展前景仍然可期，这些空置率的去化问题其实不大，未来3年大概率会有一波写字楼消化潮，但对新增部分要有比较严格的控制。

第四，工业及产业用地的合理比例问题。工业和产业用地背后是制造业和科技发展对经济的支撑问题，这是深圳历来的优势所在。这次规划，工业用地占比由现在的22.5%下调到2035年的20%，趋势是对的，但我估计如果要保持这个20%，前提是扩容，如果不扩容，肯定保不住，会下降到15%以下，因为这是深圳的城市使命决定的。中央要求深圳先行示范，做全球标杆城市，这意味着深圳不可能保留太高的工业用地比例，还是要和世界接轨，因为若深圳能够创造一种全球没有的新模式，依赖高工业占比来建设全球标杆城市，这个恐怕很难。深圳可以一下子拿出30平方千米土地做产业招商，但要处理好土地供应平衡和职住平衡，否则将来的住房问题以及公共服务配套问题将会变得尖锐。

2020年1月4日

第三章

建设新型城市，深圳的"闯"与"创"

第三章
建设新型城市，深圳的"闯"与"创"

从大沙河创新走廊看深圳的底气

2015年已经过去一个星期了，我尚未查到深圳2015年全年的经济发展数据，但根据前三个季度的统计数字，深圳的GDP增速为8.7%，远高于全国的6.9%，这显示深圳经济的基本面仍然向好。更重要的是，深圳在全国经济中的地位越来越重要了，在目前艰难的稳增长、调结构和新一轮的经济发展中，深圳无疑要扮演引领性的角色。那么，深圳靠什么扮演引领角色呢？深圳的底气在哪里呢？

纵观全球经济的发展，无论是当年美国的称雄，还是德日的赶超，无论是亚洲四小龙的腾飞，还是中国的崛起，从发展阶段迈向发达阶段，无非是两大武器，第一是靠低成本取胜，第二是靠创新取胜。大体来讲，发展中国家主要靠低成本取胜，发达国家主要靠创新取胜。中国也是这样，我们一直以发展中国家自居，支撑我们多年来做发展中国家的背后的经济模式就是低成本。但是问题来了，经过30多年的高速发展之后，突然我们发现了两个现象：第一个现象是，我们的经济量已经上来了，目前人均GDP已经超过7000美元，按照国际标准，这就是中等偏高收入的国家了，再努力一下，就要进入发达国家行列了；第二个现象是，我们的经济运行效率有所降低，而经济成本却在上升，土地、人工、原材料、资金、商务运作等方面都是如此。

经济增长面临的下滑局面，似乎在所谓"中等收入陷阱"边上徘徊，需要寻找再发展的出路。那么，怎样才能绕过中等收入陷阱，真正从发展中国家迈向发达国家行列？继续靠过去30年那种低成本战略吗？显然不可能了，我们当然要控制成本，但成本上升到一定水平是下不来的，因为中国的经济已经全球化了，成本的高低已经不是由中国自己说了算，我们已经进入国际成本的大平衡中，一个汇率的波动都足以影响中国经济运行的总成本。决定中国未来能否跨入发达

城市转型升级的深圳启示
CHENGSHI ZHUANXING SHENGJI DE SHENZHEN QISHI

国家的核心动力不是低成本,而是创新。既然单靠成本无法取胜,那就靠创新取胜,只要中国能不断在多个领域创新,创造新的利润空间,就能够继续领先全球经济,就能够成功绕过中等收入陷阱,迈向发达国家行列。

但是,创新容易吗?很不容易,美日欧的竞争,核心就是创新竞争。德国在搞工业4.0,美国最近在实施国家创新的新战略,日本则在悄悄推进国家的再创新,都很厉害。它们的目的很明确,就是要继续保持世界领先甚至世界霸主的地位。

中国是后来者,有一个词,叫"后来者居上",这话说起来容易做起来难。看看我们还不算高的经济运行效率、居高的成本、产能过剩、楼市高库存等问题,就知道后来者居上很难。但我们没有退路,必须全力纠偏,全力追赶,这一轮赶不上,之后就更不容易追赶了。那么,追赶靠什么?当然要靠创新,这几乎是这一轮发展的核心策略,各国都是这样。如果别人创新,你不创新,还谈什么追赶,更不用说超越了。

中国很大,很难全国齐头并进地进行追赶,还是要有一些特殊地区先行实施。国家在沿海地区设立的四个自贸区,就是追赶的先行区。深圳也有了前海蛇口自贸区,号称是特区中的特区,当然非常重要,其承担着人民币的国际化、深港高端服务业合作等重要的国家使命。一时间,前海俨然是深圳未来的象征、未来的希望、未来的价值、未来的底气所在。

前海当然是深圳未来的象征、希望和价值,但前海是深圳的底气吗?恐怕暂时还不是。因为,底气讲的是夯实城市经济的基础、基石部分,有了底气,城市经济就稳定了。前海的灵魂产业是金融,金融产业是虚拟经济,不是深圳奠基性的产业,而支撑深圳30多年来稳定发展的基石性产业是科技创新产业,这才是深圳的底气。深圳最引以为傲的是什么?或许目前还不是自贸区这些事物,而是构成深圳底气的那些事物,比如,一大批具有国际水平的、在深圳依靠市场力量成长起来的高科技企业。若说自贸区,上海、天津、福建,包括广东的广州、珠海都不错,但要讲上面那些巨无霸高科技企业,连上海、北京都可能会有点自叹弗如了,这就是深圳的底气。

深圳的底气,还在于科技创新。说到这一点,就不能不提到大沙河创新走廊,也就是从深圳科技园一直扩展到西丽片区的这一地区,其号称"深圳硅谷"。这个地方有多重要?我举一个数据:深圳专利申请量占全国51%,而南山区就占全深圳的60%,其中绝大部分来自大沙河创新走廊。所以,深圳未来的发展不仅要抓住前海这块金融创新的先锋招牌,也要抓住大沙河创新走廊这块科技创新的基石招牌。

大沙河创新走廊的名片已经很多了,我也概括一下,想出了"八块地"的定位,具体说明如下:

第一,30年来深圳高科技特色经济的基础园地。深圳30多年来由"三来一补"发展为自主创业创新发展,科技园起到了非常重要的排头兵作用。后来科技园向西丽片区扩展,发展为大沙河创新走廊,把深圳大学城一带都整合起来,形成了深圳高科技特色经济的基础园地。

第二,中国最具活力的硅谷发展模式的试验领地。现在世界上讲到科技创新,一定会首推美国硅谷。中国也有很多地方号称中国硅谷,比如,北京中关村、上海张江高科技园、武汉光谷等。事实上,最适合成为中国硅谷的是深圳的大沙河创新走廊,因为美国硅谷的价值不仅体现为科技创新,而且代表了全球经济最具活力和创造力的地区。深圳大沙河创新走廊就是这样的地区,它不仅高科技企业云集,高科技创新能力发达,高科技产品产出量大,而且具有超强的经济活力,堪称硅谷发展模式的试验领地。

第三,南山乃至深圳最具高科技创新动力的孵化基地。大沙河创新走廊位于深圳南山区,不但是南山以及深圳高科技创新的最大基地,也是深圳最大的高科技企业的孵化基地,一大批孵化器正在运转,不断孵化、培育新型的高科技企业以及符合其特色的生长模式。

第四,深圳产业转型升级桥头堡性质的创新佳地。深圳与全国一样,也面临着产业转型升级的重大任务。在这场艰巨的攻坚战中,科技创新扮演着极为重要的角色。可以说,科技创新在过去20年深圳产业转型升级方面已经做出了巨大贡献，未来仍然要在更高的起点上继续推进产业升级，而作为深圳科技重镇的大沙河创新走廊必然成为下一轮产业转型升级的桥头堡性质的创新佳地。

第五，深圳维持高速增长和稳健发展的前沿阵地。深圳不仅要调结构，搞升级，还要稳增长，毕竟深圳承担着国家重要的经济建设任务。在这方面，大沙河创新走廊同样扮演着前沿阵地的角色。

第六，深圳以高实业应对工业空心化的战略高地。为了避免出现工业空心化，深圳必须巩固和提升以高科技为基础的制造业。大沙河创新走廊显然是深圳防止工业空心化的战略高地。

第七，深圳培育各类高层级专业队伍的人才宝地。这一点很明显了，作为中国硅谷的试验地，必然聚集大量来自全球各地的高科技人才，同时，由于深圳大学和大学城在大沙河创新走廊一南一北坐镇，也会不断培养高品质的科技创新队伍和人才。

第八，深圳酿造高新技术企业及产品的品牌聚集地。作为科技创新基地，通过孵化，必然不断培育出一批批高品质的高科技企业以及相关高科技产品，形成高科技创新的品牌聚集地。

从大沙河创新走廊的发展变化角度看，我又提炼出大沙河创新走廊的"六条带"概念：

第一，是由常态化的科技园功能片迈向深圳城市主轴功能带。过去科技园跨越深南大道，分为南北两区，是城市功能区划分中层级并不太高的科技开发性园区。现在，经过多年发展和扩容，已经形成深圳西部城市主轴功能带，并且成为深圳城市空间布局和产业发展的标志性功能轴线地带，其承担的城市功能已经得到大大丰富了，甚至是得到了主轴性质的战略功能定位。

第二，是由企业科技园区迈向科、教、文、商、居交融的创新产城带。过去这一地区主要是科技园，城市功能相对单一。现在，大沙河创新走廊经过产业整合，已经不是单纯的一个科技园，而是由科、教、文、商、居等多个产业相交融的创新型产城一体化的重要地带。

第三，是由高科技产业主导迈向科技商务主导的总部经济带。过去这里主要是科技研发、实验、制造的产业格局，现在，高科技产业主导的格局正在被科技商务产业主导所替代，产业层级在迅速提升为科技商务型的总部经济层级。

第四，是由单纯科技园迈向西前海东后海辐射的科技金融带。过去这里的科技创新发展和周边片区整合度不够，现在不一样了，东有后海超级总部基地相伴，西有前海深港服务业合作区毗邻，这两个片区都是深圳最重要的以金融产业为主导的高端产业集聚区，它们之间的互动合作必然使大沙河创新走廊披上浓郁的金融科技色彩，也就是为科技创新插上金融资本的翅膀。

第五，是由城市性质的科技园迈向国家科技商务产业实验带。深圳科技园早期更多的价值是体现在作为深圳的城市功能区方面，但现在的大沙河创新走廊显然已经不是单一的深圳的城市功能定位，而是基于国家科技创新商务产业的定位，是国家科技创新商务产业的试验平台。

第六，是由国家科技创新商务走廊迈向世界科技商务标识带。事实上，大沙河创新走廊作为国家科技商务产业试验带的同时，中国的科技创新已经瞄准世界前沿了，中国必须在这一轮发展中，在科技创新领域走在世界前列。由此可见，位于深圳的、提出中国硅谷定位的大沙河创新走廊自然会成为中国迈向世界科技创新高峰的特色商务产业的标识性地带。

深圳需要前海这样的以金融创新为导向的、国际地标性的虚拟经济中心带，也需要大沙河创新走廊这样的以科技创新为导向的、国际地标性的实体经济底气带。让更多的华为、中兴、腾讯在大沙河创新走廊崛起吧，从而让深圳在中国参与下一轮国际竞争中更具有底气，更具有影响力！

2016 年 1 月 8 日

城市转型升级的深圳启示
CHENGSHI ZHUANXING SHENGJI DE SHENZHEN QISHI

世界上最大的"漂"是"深漂"

猴年正月初七是春节黄金周的最后一天，恐怕今天微信里面发的最多的图片就是"返程"场面了。飞机、高铁自不必说，最热闹的莫属高速公路了，假如我们能够搭上一架直升机，沿着各地的高速公路特别是东部地区的高速公路查看一下，一定会看到壮观的"返程"车龙。

滚滚的返程车流人流基本上分为两类，一类是外出游玩后归家的车流人流，另一类是回家过春节后返回工作地的车流人流。在返回工作地的车流人流中间，又可以分为两类。一类是在工作地有常住户口的返程者。另一类是在工作地没有常住户口、属于外出打工的人，他们也许在工作地已经就业但还没有进行人口登记，现在是返回工作单位；也许是尚无工作，准备前往工作地寻求就业。总之，他们及其同行的家属都属于人口统计中的"流动人口"。

根据全国1%的人口抽样调查数据可知，改革开放30多年来，全国流动人口数量不断上升。20世纪80年代初，全国外出寻求就业的人数不过200多万，几年后的1984年，这个数字就猛增到2000多万。1995年又增长了3倍，达到8000多万；2000年超过1亿；2005年达到1.47亿；到2014年，流动人口已经达到2.53亿，占全国总人口13.6亿的18.6%。

我们常常把流动到外地寻求工作和发展的人称为"漂族"，比如，漂在北京的人被称为"北漂"；漂在香港的人被称为"港漂"；在浙江横店影视城，常年有一批年轻人寻找机会希望加入影视圈，他们被称为"横漂"。放眼全球，凡是大城市，都有数量不等的外来人"漂"在那个城市的某一处，希望有一天能够被那个城市正式接纳。这种"漂"的现象，是世界经济文化开放发展过程中必然大量伴随的现象，从古至今，从未中断。随着全球经济一体化的深入，这种现象越来越多、越来越大、越来越深,已经在深刻地影响着世界经济、社会和文化的发展。

当今世界上,中国无疑是"漂族"人口最多的国家了。其中,仅广东省内的流动人口就占全国的20%以上,因此,广东又是中国"漂族"人口最多的省份。而在广东,深圳的流动人口最多,大约占广东流动人口的20%。除了这么多流动人口外,还有数百万居住证人口,这类人口被列入常住人口,但他们没有正式户籍,与户籍人口还有一道坎。这数百万的居住证人口虽然在国家统计性质上不属于流动人口,但由于没有深圳户籍,他们的身份属性是分裂的,在法理上,既是深圳人,又是他们自己家乡的人。从某种意义上说,居住证人口也具有一定的"漂移"性,毕竟他们的户籍还在原籍,很多福利政策还是要在原籍对口,这让他们在深圳有一种无根的感觉,就是"漂"的感觉,在这点上,他们和庞大的流动人口的特点又接近了。如此庞大数量的人口同时"漂"在一个城市里,大家可以查一查历史,古今中外,绝无仅有,深圳就是全世界最大的"漂族"城市,也可以说,世界上最大的"漂"或许是"深漂"。

凡是来深圳打拼创业的外来人,他们一般都会遭遇不同形式的困境、问题和麻烦,或许都会有不同程度的无根感、无助感、无奈感,或者说,就是一种漂泊感,这让他们中间的很多人对深圳总是有一种寄居的体验,无法从情感上真正融入这座城市。但是,对所有来到深圳打拼的人来说,"漂"是不得已而为之的,谁都不想漂,谁都想安定下来,谁都想做一个真真正正的深圳人。怎么办?只有努力奋斗,改变"漂族"身份,别无他法。

从这里应该可以看出,"漂"的正面价值很大。"漂"会让人有一种莫名的动力,一种改变的动力,一种积极向上的动力。正是由于"漂"的这种动力性,使得世界上"漂"情浓厚的城市都充满活力感、开放性、发展性甚至创造性。从世界看,那些已经深刻影响全球事务的国际城市,如纽约、巴黎、伦敦、东京、法兰克福等,历史上或现在,都是"漂"性十足的城市,每年都有大量的人从世界各地涌入这些城市,寻求发展的机会,用人口学的词汇,叫"人口净流

城市转型升级的深圳启示
CHENGSHI ZHUANXING SHENGJI DE SHENZHEN QISHI

入城市",有那么多的人不断前来,说明这个城市有前景、有活力、有价值。反过来,世界上也有一些城市,由于其发展价值减弱,人们在这里生存的机会减少,导致人口流失,成为"人口净流出城市",这种城市很少有"漂族",也就失去了一种非常珍贵的城市动力,这个城市的发展就很成问题了。最近的案例就是美国的底特律,曾经风光的全球汽车城,由于产业去势、经济走低,如今沦落到人口大量流失、城不像城的境地。

中国的情况从整体上看,由于城市经济的活跃性高,在过去30多年里,中国的城市都呈现人口的快速增长,其中外来人口的机械增长数量很大,也就是说,"漂族"大量存在,这使中国城市经济在过去30多年中常年处于活力期。但是,最近几年情况正在发生重大改变,人口净流入的情况在急速分化,由于城市经济结构转型不易,有时增长乏力,已经出现一些人口净流入负增长的城市;与此同时,另外一些城市由于经济转型形势良好,经济动力性强劲,吸引着大量外来人口进入,使得这些城市充满活力。在这些城市中,四大一线城市表现突出,尤其是拥有庞大"漂族"的深圳表现更为突出。

从国家统计局的人口统计看,北上广的人口更多进入了"常住"状态,城市可以据此进行土地、资源、政策、公共服务的配置;而深圳较多人口没有进入"常住"状态,城市能够据此进行的各项配置就比较有限,但较多的非常住人口在一定程度上会挤占为常住人口配置的各类资源,于是,就会产生一些城市问题,特别是土地紧张、学位紧张、医疗资源紧张、警力紧张等问题,这些问题都浮在表面,难以视而不见。

我们都曾经或正在"漂"在深圳,这个"漂"曾经带给我们困惑或苦恼,同时也不断带给我们想象、希望和收获。深圳的成功,"漂族"功不可没,甚至可以说,深圳就是一个"漂"起来的国际大都市,今后,深圳仍然会源源不断地吸引更多的国内外"漂族",因为这里充满发展的机遇和动力,充满创业的激情和勇气。在深圳,那些早已功成名就的人,他们似乎可以开始平静地享受生活了,可以远离"漂族"了,然而我们发现,受这个"漂"性十足的城市的感染,这些成功人士仍然在"漂",他们似乎永不满足,他们说,发展没有尽头,仍需继续努力。从这个意义上说,深圳就是一个"全漂"的城市,所有人都在积极向上的通道里,寻找下一步发展的目标。

　　看着春节过后再次涌入深圳的滚滚人流,我对这座活力之城充满信心。感谢所有的"漂族",是大家共同扛起了这座"漂"城,造就了这个都市的无限魅力。未来,深圳仍有许多不确定性,我们活在深圳,"漂"在深圳,就要有一份责任,发挥"漂"的正能量,推动深圳向更好更高的方向发展。

　　春节已过,深圳的"漂族"们,让我们再一次"深漂"吧,为了我们共同的美好家园!

2016 年 2 月 14 日

城市转型升级的深圳启示
CHENGSHI ZHUANXING SHENGJI DE SHENZHEN QISHI

电商深圳，还是拉开了超越北上广的架势

最近我关注了一下电商的相关信息，发现深圳在这个方面也很活跃，活脱脱一个电商深圳，已经有一些超越北上广的架势了。

一、时尚深圳在电商这件时髦的事情上再一次站在发展的潮头

中国的城市竞争，现在已经非常精准了，比如电子商务，说得直白一点，就是把原来在实体空间内需要供需互动的商品、服务、资金、知识产权等通通拿到互联网大平台上来操作，再和实体空间的交易活动和行为实现无缝对接。这样做的结果是，城市和企业的综合运营成本大大降低，效能、效率和效益大幅提升。哪个城市做得好、做得快、做得大，哪个城市就能在这个互联网时代领先。

深圳天性爱好时尚，在电商这个时髦的事情上，再一次站在发展的潮头。

我们先来看几个数字：5年前，中国的进出口贸易总额中，电子商务平台成交所占比例仅仅为0.2%～0.3%，而今明两年，将突破20%，什么概念？这就是说，电商在进出口贸易上的贡献率暴增了差不多100倍。这样的话，未来5年还能再增长多少呢？假如在现在的基础上上升1倍，就是40%，2倍就是60%，3倍就是80%……不管有多少增幅，这就是大趋势，不可阻挡。这样的趋势，哪个城市、哪个行业、哪个企业敢怠慢？所以，大家都跟着世界互联网特别是移动互联网的高速发展，去扩张电商产业平台，于是，城市竞争升级了。

阿里巴巴名下的阿里研究院去年根据"阿里巴巴电子商务发展指数"，公布了2014年中国"电商百佳城市"榜单，深圳由于跨境电商、网购等领域的飞速发展，全国外贸网商密度最高，以24.248

的网商指数、29.603的网购指数和26.926的电商发展指数高居全国城市榜首。这里特别要提到广州,在由传统外贸体系支撑的时代,广州历来是中国进出口贸易的龙头老大,其以中国进出口商品交易会(以下简称"广交会")为旗帜和象征。然而,近年来随着中国出口形势的严峻,加上电商的快速发展,广州在进出口贸易领域的垄断和龙头地位正在受到严重威胁。深圳在电商领域的表现已经充分显示,城市地位的决定要看市场竞争。

未来的城市在电商产业风起云涌的裹挟下将如何发展,值得探讨。

二、时代信号:电商将成为所有城市商贸物流产业的标配

当我们进入移动互联网时代的时候,我们发现,传统的商贸物流格局正在被无情摧毁,电子商务无孔不入,大商贸大物流重组已经在大规模发生。不用说那些仍然坚守传统商贸物流的企业和城市,就算一个企业建立了网站,做了一点简单的网上营销,也根本不是真正意义上的电商模式。这个时代,电商将成为所有城市商贸物流产业的标配,这些产业必须在商贸物流电商大平台上找到自己的位置。无论是"互联网+",还是"+互联网",电商都显示了不可抗拒的整合力量。

为什么说电商正在成为城市商贸物流产业的标配?因为大趋势就是这样的。电商在智能化、扩张化、分工化、普及化、标准化和国际化方面快速推进,正在构建开放性的、全球可以共享的商贸物流大平台。跨境电商的发展正在摧毁WTO多年来制定的众多规则,也就是说,连世界贸易组织都要跟着全球电商的脚步改革,全球的贸易物流规则都要发生重大改变,所有贸易、物流领域的日常交易行为都将导入电商模式,所以,一个企业、一个城市不快速跟进是不行的。

在电商标配这件事上,深圳的确是走在了全国城市的最前列。

三、没有功底，莫谈电商中心城市

深圳当然不会满足电商的标配，它只是向外界表明，每个城市都必须做的基础工作，我要先做好，而我更要打造的是：电商中心城市。

然而，电商中心城市不是喊口号喊出来的，它必须具备以下八项功底：

第一，城市人口、产业、资金规模和经济总量。深圳去年常住人口已经达到1100万；产业方面，已经是全国产业结构调整最到位的城市，当北上广的卖地收入仍然占很高比重的时候，深圳已经把产业创新贡献排在第一位了；资金方面，深圳的本外币存款总量排在北京、上海之后，名列全国前三；2015年深圳的GDP接近香港。

第二，城市区位及在区域经济体系中的地位。深圳在珠三角的地位很微妙，长期以来，北有广州，南有香港，它们都比较强。但是，近年来，香港发展速度有所放缓，广州的产业结构调整也相对弱于深圳，这让深圳的区域地位有所提升。同时，深圳早已是全国经济中心城市，特别是外贸出口连续20多年保持全国第一。

第三，城市与经济腹地之间的商贸物流关系及历史影响。深圳作为国家的一块飞地，过去对区域腹地并不重视，但近年来，在珠三角区域一体化发展的引领下，深圳和周边地区的关系日益紧密，首先是推进了深莞惠一体化发展，去年以来更是通过东进战略，大力发展与东莞、惠州、河源、汕尾等周边城市的关系，其经贸互动日益频繁，为深圳进入电商中心城市之列奠定了良好的腹地基础。

第四，城市的对外开放程度和互动能力。深圳多年来与20多个国际城市建立了友好城市关系，深圳企业的外向投资更是遍布全国全球，仅华为一家就在全球200多个国家和地区设有分支机构。深圳近年来的国际国内大型会展交流活动越来越大、越来越有影响。

第五，互联网平台的科技含量和科技保障性。深圳有腾讯这样的互联网巨无霸，阿里巴巴、百度、360等互联网巨商也纷纷把国际总部和重要业务放在深圳，使深圳成为国内极少数几个互联网特别发达的城市之一，其作为电商中心城市的互联网科技含量和保障性都是位于全国前列的。

第六，城市政府对电商产业的基本态度和政策投放。深圳市政府长期以来对互联网产业的支持力度非常大，对电商产业同样保持着高密度的政策投放和扶持。

第七，城市对电商运营的法律法规保护系统建设。深圳的电商发展软环境并不仅仅是政策，还更多地表现在法律法规的体系建设方面，先后出台了一系列法律法规，对电商产业、企业、产品和服务都做出了明晰的制度性保障。

第八，市场和社会层面对电商模式的利用率。深圳的金融、贸易、物流、知识产权企业已经十分熟悉电商的运用，市民的网上购物行为也遥遥领先全国。

以这些功底来衡量，深圳已经是名副其实的中国电商中心城市。中国这么大，电商中心城市当然不会只有一个，但是或许可以说，深圳是中国最好的电商中心城市。

四、电商领袖，以战略势能和形象为城市代言

一个城市之所以成为电商中心城市，不仅在于其电商产业遍布全城，还要有在全国甚至国际上有影响力的电商领袖型企业，深圳也在着力打造能够代表城市的电商领袖。

电商领袖需要具备许多特殊的素质和能力。比如，电商领袖必须具备战略势能，也就是它需要位置高、体量大、背景深、潜力足，它的决策和行动足可以影响城市电商产业的发展，足可以对外形成广大的辐射圈。电商领袖不能拘泥于细微处的得失，它必须具备国际大视野，能看清和引领大方向。电商领袖必须在一个城市拥有顶级商贸物流综合体执行平台。有人说，互联网时代有去中心化的趋势，我认为这是错误的判断，电商领袖必须中心化，甚至在空间占有上也要中心

化。电商领袖必须在完善的电子商务服务体系中扮演主导角色，甚至要成为服务体系标准的主要制定者。电商领袖需要具备商贸物流运营的战略平衡能力，也就是说，电商活动中出现任何失衡情况，电商领袖都应该有能力尽快解决出现的问题。电商领袖必须为城市经济总任务提供战略导向性的贡献，尽管电商的产业辐射和流动不受城市边界的约束，但是，电商领袖一定是以某个城市为总部平台，并且一定要把自身的业务成长与这座城市的经济总任务紧密联系起来，并为之努力。电商领袖必须以战略势能和形象为所在的城市代言，应该努力做到让所在城市以电商领袖及电商产业的发展为荣。

电商深圳，国际电商中心深圳，雄心够大，动作够猛，效果够好。或许可以说，在这个特殊领域，深圳应该是相对领先于其他城市的。

2016 年 7 月 26 日

从"临深"到"环深":本质剧变,市场选择

在中国乃至全世界,任何一座城市都有自己相邻的地区。但是,唯有中国的深圳在最近几年中造出了一个词语,叫"临深",这个"临深"的概念并不是一般意义上的自然地理关系,而是一种特殊的经济地理关系:深圳人因为在深圳本土难以买到合适的住房而"外溢"到深圳周边地区去买房,于是,那些造了大量房子主要为了吸引深圳市民前往购买的临近深圳的地方就被称为"临深"片区。

这些临深片区有哪些地方呢?最初,临深是指地理相连、靠近深圳的东莞市凤岗、清溪、塘厦、黄江、长安、虎门等镇以及惠州市的惠阳区、大亚湾区等地区。最近一两年,由于深中通道的启动建设,不少深圳人纷纷到中山靠近深中通道接驳区的地方买房,打提前量,结果,中山市的这些地方也被纳入了临深片区。

"临深"的概念从产生之日起,就完全是房地产的一个关联概念,是深圳人外溢周边地区买房的概念。深圳人是什么时候开始到临深地区买房的呢?大概是10年前,最近几年人数更是大幅增长。那么,有多少深圳人到临深地区买房呢?3年前,临深地区的房子大约90%是被深圳人买走的,近年来这个比例有所下降,目前为70%~80%。由于深圳强大的外溢购房现象,这些临深片区的房价都出现了显著上涨的情况,以至于东莞、惠州临深片区的房价均高于这两个城市的主城区。

东莞、惠州这种主城区房价低于城市边缘地区的特殊经济现象说明什么呢?说明至少在出现"临深"现象的深莞惠地区,单独的一座城市已经无法封闭式地解读自己城市内部的经济活动和规律,城市间的经济互动在明显改变一个城市的经济布局和经济走向,比如房地产、楼市方面,它在明显校正单独一个城市的级差地租现象。这表

明，城市群的价值已经在冲出行政樊篱，开始顽强地在经济层面显现了。

当然，我们也发现，在深莞惠城际之间，购房这件具体的经济活动上，产生了"临深"，但没有产生"临莞""临惠"，也就是说，东莞和惠州人很少跑到靠近莞惠的深圳地区去买房，这不奇怪，因为深圳的房价明显高于莞惠。深圳的房价为什么那么高呢？是因为多年来深圳的人口、资金、产业积聚度远远高于莞惠，深圳已经成为常住人口超过1000万的超大城市和国家经济中心城市，东莞、惠州事实上已经被纳入以深圳为核心的深莞惠都市圈了。

深圳人从深圳跑到"临深"去大量购房，起初是自发的，到现在已经形成政府和市场的合力和自觉行动，三市政府正在积极推进跨市间的地铁、高速等交通的接驳，联手推进临深片区商业、医疗、教育、文化事业建设，大力促进深莞、深惠的城际经济文化互动共荣关系。

在2017年的全国人大政府工作报告中，李克强总理提出了建设粤港澳大湾区的战略构想，这个时候，一种新的词汇产生了：环深。"环深"这个词的含义比"临深"更加深化，它是一种质变，一种本质意义上的升级，它反映的是以深圳为核心的城市群的概念和价值，"环深"就是"环深圳城市群"的缩写。

然而，概念是一码事，实际经济关系是另外一码事。比如，就购房外溢来讲，尽管也有香港人到深圳买房，广州人到佛山、清远买房的情况，但其规模远低于深圳人到东莞、惠州买房，市场上并没有形成如"临深"那样的概念和强烈的经济行为，我们没有看到"临港"和"临穗"这样的楼市字眼出现。

这说明什么呢？说明从经济和市场的内在动力看，深圳近年来对周边地区的辐射力、影响力在明显增强，正如20世纪八九十年代香港的投资和贸易强力向珠三角地区渗透一样，那个时代，整个珠三角或许都可以称为"环香港城市群"，想想看，当时的珠三角，哪个城市没有闪现着港商的身影呢？

然而，时过境迁，如今的深圳成长了，大到在经济体量上已经超穗追港了，尤其是深圳的人口、资金集聚速度，深圳的产业转型升级态势，深圳的高科技创新发展格局，让深圳有了非常强的对外辐射力和影响力，周边地区开始明显感受到了深圳的影响。例如，华为向东莞的渗透，比亚迪向惠州大亚湾的扩容，中山对深中通道的强烈期待，香港和广州对深圳高科技的对接需求，等等，这些现象都表明，深圳具备了建立"环深圳城市群"的基础条件。

从"临深"到"环深"，从被迫外溢购房到城际之间产官学各界的主动融合，这是珠三角成熟的标志，更是粤港澳大湾区自觉承担国家更高程度改革开放责任的必然表现。

我总觉得，中国的三大经济发动机中间，京津冀和长三角的行政力量表现得相对更强，而粤港澳大湾区则更多凸显了市场的动能。希望即将出台的粤港澳大湾区规划能够坚定地秉持这种市场化的独特力量，让市场最终推进"环深""环穗""环港"城市群的形成。

未来，"临深"的买房仍然会规模化持续，"环深"的城市群同样会强力融合发展，深圳的辐射力和影响力会越来越强，这是市场力量的选择，不可阻挡。

2018 年 3 月 19 日

华侨城开发甘坑新镇项目的思考

华侨城正在深圳全力推进甘坑新镇的开发。这是华侨城实施"文化+旅游+城镇化"战略的首个项目，规划总面积约13平方千米，投资500亿元，采取与政府、村民和村股份公司合作，以创意、管理和资本介入，通过文创形象、VR（虚拟现实）内容科技产业、古镇生态旅游和旧城改造实现产城游一体化，致力于打造六张国家级名片，即国家级生态保护与建设示范区、国家5A级旅游景区、国家级新兴产业示范区、中国历史文化名镇、全国重点特色小镇、中国文创第一小镇。

甘坑这个地方是一个拥有300多年的历史的古老村庄，是客家人的传统聚居地，古建众多，依山傍水，房连巷通，错落有致，犹如画卷。甘坑盛产赤竹，是制作凉帽的主要原材料，客家人用赤竹做成凉帽，实用而精美。2013年，"甘坑凉帽"代表客家凉帽被列入广东省级第五批非物质文化遗产名录。

但是，在过去二三十年的工业化浪潮中，甘坑也建设了许多工业项目，到处是工厂、仓库、宿舍等建筑，交通也缺乏合理规划布局，环境比较差。华侨城的甘坑项目实际上就是一个巨量的旧改、城市更新项目。

华侨城在深圳拿下甘坑这个地方，不仅是要做一个甘坑客家文旅小镇，更是要做一个以客家文化为基础的文旅及产业新城。从这个意义上说，华侨城面临的困难是非常大的。

不过，这完全是一个认识和行动角度的问题，有一种说法是这样的：世界上没有垃圾，只有放错地方的财富。从另外一个角度看，如果将这些困难比作"硬骨头"的话，那么，这些"硬骨头"便可制作成一盘特色好菜，例如椒盐排骨、糖醋排骨，或者是大骨汤、茶骨汤等。

基于这个认识，我想谈谈关于甘坑新镇开发的九个想法：

第一，最好把项目名称改为甘坑新城。

首先，这里面积够大，13平方千米，足可以造城。其次，项目里面有一个甘坑客家文旅小镇，已经是"镇"了，就不要再来一个"甘坑新镇"，导致出现镇中镇的混乱格局。

第二，华侨城要准备改革。

在甘坑，华侨城面临着一场改革，一场深刻的发展模式变革。也就是说，原有的业态基本都是在净地或比较简单的产权关系土地上实施全面开发，在上面做新文章，想怎么做就怎么做。而在甘坑，除了不可动的生态控制线土地外，剩下绝大部分是已开发土地，有大量的老旧村屋、工厂、住宅楼等，而且产权关系复杂，还不让拆迁，只能改造利用。这种开发模式，华侨城从来没有碰到过。华侨城应该有勇气、智慧和能力，在深圳旧改中实施一场革命，从而创造新业态、新业绩、新突破。

第三，重新认识文旅地产价值。

大家都知道，华侨城是中国旅游地产的创造者和成功者。可是，甘坑新城项目没有什么大型居住用地的开发，甚至没有大型正规酒店那样的旅游居住项目，似乎在文旅地产方面没有用武之地。事实上，这又是一个认识角度的问题，可以说，这里是另类的文旅地产类型，更多的是依赖既有物业实施存量资产的深度挖掘，更多的是轻资产运营的价值，这需要华侨城改变既有的旅游地产思维和开发模式，真正导入轻资产运营模式，发掘新的文旅地产价值。

第四，极其重视新市场需求的塑造。

对于这种依赖大规模旧改、工业区产生的都市文旅项目，目前的市场需求远远没有对接起来。华侨城在甘坑新城的开发，不能仅仅着眼于供给侧改革，而且更要启动需求侧改革，让更多的市民和游客真正意识到此类都市旧改空间蕴藏的巨大人文、历史、经济、社会价值，真正关注和期待这里的成长。没有新市场需求，就没有甘坑新城的未来。

第五，要对新城空间实施精准分类并合理利用。

甘坑新城空间大体可分为四个层级。

（1）不可动空间，生态保护线部分。

（2）基本不动空间，可由文化主题辐射、微调的部分，如凉帽村等。

（3）可调整、局部变动的空间，如秀峰工业村。

（4）可完整变动的空间，如甘坑客家小镇等。

对这四类空间形态要实施精准分类，在分类基础上进行合理利用，只有这样，才能最大限度提升土地的综合效率、效能和效益。

第六，要做顶层设计。

应在基本摸底的前提下，对13平方千米做一个突破性的顶层设计和创意策划方案，要为华侨城提供一种全新的、基于大面积旧改现状的主题性都市文旅休闲产业的全方位、全层级深度切入的新型业态和发展模式，要找出真正的甘坑新城的标识，不一定是客家文化，甚至我不主张将甘坑新城整体核心文化主题定位为客家文化，而把客家文化主题留给其中的甘坑客家小镇就好了。新城的整体文化主题需要深度研究，确定以后，要辐射到所有空间和项目中去，从而使这里真正成为深圳全新的文化高地。这个顶层设计极为重要，这个不清楚，下面的工作都会走偏。

第七，拓展若干核心节点空间。

例如，甘坑客家小镇，还有明报仓库腾出后的地块，等等。最好有六七块，环状分布在最大山体四周，并用主题文化旅游线串联起来。每个小空间都设置一种都市休闲小主题，围绕甘坑新城大主题展开。

第八，主题文化全辐射。

甘坑新城其他基本不动和微调部分的空间，要创新一种新型空间利用模式，把新城整体文旅价值用特殊策略渗透进去，形成与核心节点空间的良性有机互动，强化新城大文旅格局。

第九，探求新型的投入产出模式。

这种大型城市更新项目，在现有土地和物业难以大规模改变的前提下，到底如何投资、盈利，目前并没有成功的经验可循。乍看上去，改造的成本很高，盈利的空间有限。华侨城必须尝试进行深入探索，摸索新经验，创造新模式，合理掌握投入产出结构和节奏，有效控制亏损面，有效扩大盈利空间。

最后我要说的是，在欢乐海岸之后，已经好几年了，华侨城在深圳缺乏新业态、新模式、新产品。2000多万深圳人民都在期待。我希望甘坑新城项目能够挑大梁，真正成为华侨城未来的重要创新项目。

2018 年 3 月 28 日

农庄聚餐，我嗅到了深圳科技创新的浓浓味道

因近日朋友相约，我们在深圳观澜的一个农庄聚餐。邀约的朋友不多，就四五个，但都是头一次见面，这种情况在深圳非常普遍，很多人的朋友圈都是在聚餐上形成的。

新朋友见面自然少不了互递名片、互加微信之类，其中一位引起了我的注意，他的身份是深圳一家无人驾驶技术公司的 CEO（首席执行官）。无人驾驶技术？这不是赫赫有名的 Google（谷歌）以及百度在做的事吗？看来这次农家聚餐有点意思啊。

这位年纪 40 出头的新朋友从容不迫，向我们娓娓道来。目前，国内搞无人驾驶技术研发的公司大约 10 家，全球大概 50 家，数量的确不多，更多公司在加盟的路上。这项高科技目前仍然在深度研发中，一旦形成技术突破，将给全球的机动车出行方式带来巨变。Google 的老板以前曾说，他的目的就是让他儿子不用考驾照了。近期他又说，这个技术攻破不容易，看来他儿子还是要先考驾照了。显然，无人驾驶技术的全球领军企业 Google 仍然在苦苦探索。

事实上，全国乃至全球的无人驾驶技术及产业已经在快速发展。2017 年 6 月 18 日，京东的无人快递车率先在中国人民大学校内进行首单送货；2017 年 7 月，百度 CEO 李彦宏坐上了自家研发的无人汽车，奔驰在北京五环；还是 2017 年，深圳无人驾驶公交车已经上路；最近，上海发放全国首批智能网联汽车开放道路测试号牌，这标志着无人驾驶汽车正式走出封闭园区，进入上路测试阶段。2018 年"两会"上，李彦宏表示，百度无人驾驶汽车今年将实现量产，与此同时，全球互联网和汽车公司都发布了相关的资讯。可见，无人驾驶技术已经是可以触摸的未来了。按照业内的测算，以目前的技术和产业发展态势，2025 年全球无人驾驶的产能可以达到 3 万亿美元的惊人

高度，其中，中国占比大约为20%。

这位中年人爽朗地告诉我，目前国内无人驾驶研发技术力量主要分布在北京和上海，深圳也有，只是力量相对弱一些，但深圳的市场机制很强，将来和京沪有得一拼。他们公司目前规模不大，研发人员只有70多人，但目前的技术水平在国内还是比较靠前的，未来几年研发人员会大幅增加，研发能力和技术水平也会快速提升。他说，估计其公司的业务收入在2020年可以达到10亿元人民币，之后速度还会加快。

一个小型的高科技公司，能有这样的发展速度已经是令人羡慕的了，如果放在一个内地城市，这会成为一个大新闻、大亮点，但是，在深圳，这非常普遍、非常正常，比这更大的奇迹有很多。回头看看，当年的华为起步的时候，谁又能想到它如今的发展呢？也就短短20多年，它已成为世界500强之一，成为全球通信产业龙头企业。再看看大疆科技，创立才几年？可它的无人机销量目前竟然已占世界销量的70%。还有比亚迪，这几年"卧薪尝胆"，今年突然传出消息，其新能源汽车已经在全球成为引领者，其电动大巴在欧洲市场大行其道，比如在英国，其市场占有率就高达50%以上。这些高科技领域的成功案例都发生在中国深圳。

回头再看看那位信心满满的中年人，我突然想，谁又能说他的公司在5年、8年之后一定不会成为下一个大疆科技呢？华为、大疆科技、比亚迪等在起步的时候，它们前面何尝没有一个个欧美、日本的科技巨无霸在挡道，可是，它们仍然义无反顾地闯过去了，而且，最后精彩蜕变，成就了自己，也在全世界树立了中国高科技的形象。

中国高科技是国之重器，唯有掌握在自己手里才是唯一出路。那么怎样才能掌握在自己手里呢？当然是依赖于千千万万中国科技人员的创新，依赖于千千万万中国高科技企业的成长。

我是科技的门外汉，完全不懂那些高深的技术，我在深圳文旅界、地产界这么多年，见过太多豪言壮语，也见过太多地产界的豪华铺陈，但是，在那天晚上的简朴聚餐中，和那位高科技界新朋友的叙谈，让我有一种清风扑面的感觉，让我有一种对深圳这座城市更深入的价值取向的洞见。在即将出台粤港澳大湾区规划的特殊时刻，再看深圳，它的未来，它在大湾区的引领地位，最根本的还是要靠高科技创新的持续发力，靠高科技产业的龙头地位。

  农庄的简餐在继续，那位担纲无人驾驶技术研发企业领导者的中年人还在和大家畅想无人驾驶的未来。也许他能够成功，也许会失败，但无论成败，我都为他点赞，为深圳高科技点赞。毕竟，他们在路上，他们在践行，他们在为深圳乃至中国高科技的成长认认真真地付出。当然，有世界科技发展潮流，有大湾区和深圳科技创新主战场的特殊优势，我更愿意相信他和他的科技伙伴们能够成功，的确，在这个小小农庄的聚餐中，我已经嗅到了深圳科技创新的浓浓味道。

2018 年 5 月 16 日

应对贸易摩擦,深圳的"修炼"方式

当今严峻的国际形势,或许是深圳这座市场化、国际化程度较高的城市的一次取得重大突破的机遇,深圳完全有可能顺应大势,再跃升一个全新的发展台阶。那么,深圳可以从哪些方面展开"修炼"呢?

第一,建设更加开放的国际化城市。深圳建市和成立特区38年来,取得的成就无疑是巨大的,但认真盘点一下,发现深圳的很多城市形象和行为仍然和真正的国际化有一些差距。深圳要下大力提升城市的国际化水平,以开放促改革,加快进入全球一流城市行列。这种开放,包括对内的开放,例如,在未来粤港澳大湾区内的城市间的互动开放,以及与全国各地城市的互动开放,当然,更包括和国际社会的互动开放。

第二,进入全球产业链高端位置。种种事件表明,深圳的产业链仍然徘徊在全球产业链的中端位置,进入世界一流科技产业层级的企业还不多,这样在产业发展和合作中就容易被动,甚至失去话语权。深圳需要全面拓展,让更多的企业和产业进入全球高端产业链,形成独特的国际竞争优势。

第三,更大规模地拓展创新型发展格局。深圳骨子里就是一个创新型城市,举一个例子,其国际专利申请量占到全国的47%,这一点就很厉害。但面对贸易摩擦带来的压力,深圳的科技创新还有很长的路要走。好在深圳已经建立了良好的科技创新地盘,广深港科技创新走廊也在大力推进,未来深圳的科技创新非常值得期待。深圳一定要让自身的科技创新走在全国前列,成为抗衡打压的利器。

第四,构建全面保护知识产权的城市价值观。现在,深圳的经济地位已经很高,国际知名度也在快速提升,如果在知识产权保护方面不能有效跟进,必将在国际市场和社会遭遇挤兑,这对深圳十分不利。因此，深圳必须全方位推进知识产权保护工程，从政策、法律、行规、市场、社会等多个层面对侵害知识产权的行为进行围堵，从而真正建设一个知识产权能受到充分保护和尊重的阳光城市。

第五，打造契约社会。深圳在多年的经济发展中存在着一些不尊重契约、缺乏信誉的现象，这对于一个立足于国际化的经济中心城市来说是一个比较大的缺陷。未来的深圳必须在这个领域形成实质性的突破，让诚信大行其道，让坑蒙拐骗不再横行。

第六，继续巩固扩大市场化发展方向。深圳在多年的发展中，营造了比较高效的市场化运营模式，这在全国是公认的。深圳的民营经济之所以发达，和这种市场机制体制的发达直接相关。这是深圳最宝贵的精神财富。希望深圳坚定不移地保持自己的市场化机制体制的主导优势，只有坚持这个大方向，才能真正在国际竞争中立于不败之地。

尽管深圳在国内已经足够优秀，但是，面对贸易摩擦，我们还是看到了深圳的一些软肋和困局。如今，深圳在磨炼自身，以成为全球城市中最具竞争力的城市。

2018 年 7 月 14 日

第三章
建设新型城市，深圳的"闯"与"创"

深汕：深圳深度飞地模式的唯一机遇

2018年3月4日，我在公众号发表了《东深圳，西深圳，我们要习惯这个新格局！》的文章，引起了较大反响，阅读量10万多，文章发表后第二天就有不少人赶赴深汕特别合作区了解情况，寻找发展机会。9月9日，我就香港人大代表郑耀棠提出的在粤港澳大湾区内为香港寻求一块土地做新市镇的建议再发公众号文章《飞地模式：港澳深在大湾区突破空间限制的重大举措？》，认为深汕特别合作区这种飞地模式既没有触动行政隶属关系这个敏感因素，又能打破行政藩篱，引导区域资源进行跨区域的合理配置和运行的跨界高效管理，具有前瞻性和巨大发展潜力。

国庆节前，应朋友邀请，我赴深汕特别合作区进行了考察，并与深圳市政府副秘书长、合作区管委会主任等领导进行了深入的沟通和交流。我看到的深汕如同20世纪80年代的深圳，到处是工地，到处是热气腾腾的建设景象，天天都有新进展，人人对未来充满期待，此情此景让我大为感慨。

大家都知道，2011年在广东省政府的协调下，深圳和汕尾两市联合成立了深汕特别合作区，从成立的初衷看，是希望引导深圳的投资进入汕尾这个地区，带动汕尾经济的发展。当时，深圳决定全力推进合作区的发展。

然而，后来深汕特别合作区的发展由于管理体制的原因不尽如人意。2017年4月和8月，当时的省领导两次考察合作区，决定改变原有的深汕两地共管模式，在不改变深汕土地行政属地所有权的基础上，汕尾让渡管理权，交由深圳一方全权管理。

可以说，这是有关深汕特别合作区发展命运的决定。深圳在与省有关部门反复磨合后，终于明确落实了深圳对于深汕特别合作区的单独管理权限，深汕特别合作区的发展状况经过7年时间，终于露出曙光。今年春节后，深圳全面推进深汕特别合作区管理权的落地，到目前为止，GDP统计、户籍、财政、土地出让、行政管理等都已经基本到位，连区号都统一变为0755，邮政编码也改为518020，整个深汕特别合作区已经被认定为深圳第11区。我提出的"东深圳"概念也被官方媒体采纳使用了。按照最新的消息，未来深圳将在深汕特别合作区投入超过2000亿的资金，以不低于深圳坪山、光明等新区的力度，全力打造深圳第11区——深汕特别合作区，让其成为深圳产业进一步转型升级和城市更加现代化发展的典范。

如今，深汕特别合作区更加有希望了，希望在于制度红利的落实，希望在于责、权、利的统一，希望在于深度飞地模式的实施。

所谓"深度"，究竟深到什么程度呢？可以说，除了土地的名义所有权属性仍然归属汕尾、GDP统计暂时两城共享以及汕尾可以分得少量财政收益以外，其他统统归深圳所有。说得更明白一点，所谓"深度飞地"，就是在空间上没有与深圳形成连体，但实际运行上成为深圳整体产业和城市不可分割的组成部分。这种飞地模式，全国独此一处。那么以后会不会在其他城市也出现这样的深度飞地呢？我现在的估计是不会了，因为别的同类城市，例如北上广，并不是很缺地，还不需要通过飞地模式寻求发展。

十一黄金周这几天，我一直在思考深汕特别合作区这个"深度飞地模式"的问题，认识也有所深化。在不断思考中，我得出一个结论：深汕特别合作区很可能是深圳通过深度飞地模式获得发展的唯一的一次机遇。

为什么是"唯一机遇"呢？我分析有以下五点：

第一，今天深圳单独管理的深汕模式具有非常大的偶然性。前面已经谈到，深汕特别合作区最初是共管型的模式，现在是深圳单管型的飞地发展模式，完全不是一个概念，是深圳抓住了极为难得的机会，把传统的深汕共管模式转换成深圳单管模式，使深汕特别合作区的发展性质和发展路径得以发生重大改变。

第二，与深圳毗邻的东莞、惠州依托深圳已形成"临深"概念，本身已经有很好的发展基础，没有划出一块地作为飞地让深圳单独管理的基本动力。在过去一些年中,深莞惠之间也曾经尝试做了一些跨界合作,但并没有很明显的效果。

第三,这种深度飞地模式,不宜距离深圳太远,深汕特别合作区距离深圳市界也就 60 千米,距深圳市中心一个半小时车程,这样,"东深圳"才可立意和成型。如果太远,各种关系难以深化,就无法采纳和体现深度飞地模式。比如,如果深圳希望和中山、肇庆、江门合作建设飞地,或许能争取到单独管理权,甚至类似的财税分配比例,但是,深圳无法将其看作深圳的第 12 区、第 13 区等,因为,距离太远,已经无法在空间上将其纳入深圳城市架构。

第四,以深圳为轴心,向四周拓展此类深度型飞地,目前看,只有汕尾一个方向是明确可行的,而这个方向的飞地落地点就是深汕特别合作区,周围地区已经不可能再出现另一个"深汕"了。

第五,唯一还存在一丝可能的是河源南部地带,理由有两个:一个是河源南部距离深圳也不太远,大约也就是深汕这个距离;另一个是河源经济发展也比较弱,有引进深圳的投资和管理的积极性。但是,从现实看,省里再次给深圳在河源批准建一个类似深度飞地的可能性不大。

由此我得出结论:深汕特别合作区很可能成为深圳单独管理型、深度全面整合型飞地模式的全国唯一案例,也很可能成为深圳通过飞地模式寻求大发展的唯一机遇。

目前的深汕特别合作区终于走出困境,终于拿到真正意义上的一项全国第一:中国第一个深度飞地发展模式。

深汕是一块空地,对于已经楼宇林立、拥挤无比的深圳来讲,实在是一个很好的机会,可以充满无限美好的想象,完全不必受深圳城市发展模式的束缚,完全可以参照世界上最好的城市模板,建设中国乃至世界上最好的新型滨海城市。按照计划,深圳将在深汕特别合作区投入数千亿元进行基础设施、公共配套和主导产业的打造,并且用高铁等快速交通工具与深圳实现半个小时的空间接驳。我认为未来深汕特别合作区的发展潜力不可估量。

2018 年 10 月 5 日

通！未来深圳首先要做的就是这个字

2019年4月16日，距2月18日极为重要的《粤港澳大湾区发展规划纲要》正式公布仅仅过去不到2个月，国家发改委就批复同意总投资约93.5亿元、可满足2030年旅客吞吐量8000万人次、货邮吞吐量260万吨的目标的深圳机场三跑道扩建工程开工建设，这对深圳来说，实在是太重要了。

这让我想到《纲要》里专门提到了支持香港机场开建第三跑道，里面并没有提到关于深圳建设第三跑道的问题。但如今国家批示这么快就下达了，预计3年内深圳就可建成，而比深圳早4年拿到批示建第三跑道的香港由于填海等因素影响，反而第三跑道的建设有所滞后了。

机场跑道建设有多重要？例如广州机场，预计2030年会拥有第三、第四跑道，旅客吞吐量将高达1.2亿人次，不愧是华南门户城市。我们都知道，深圳机场在港穗深三大机场中相对规模较小，但是，从大湾区未来发展趋势看，深圳机场的区位最佳，在整个大湾区的核心位置，前海、南沙、横琴三大自贸片区就在其周边，是大湾区高端客源的最大集聚区，优势突出。

深圳机场第三跑道建设获批的最大意义在于，它表明国家明确支持深圳尽快解决长期以来存在的一个重大问题，这就是"不通"的问题。深圳经过多年的发展，已经成为经济繁荣、对全国具有很大影响力和辐射力的经济中心城市，然而相比之下，它的交通相对滞后，比如机场建设就一直难以满足日益增长的庞大客流的需要。我们在纽约湾区、东京湾区、旧金山湾区看到，这些全球著名湾区的中心城市，都是交通门户中心和产业经济中心在空间布局上合二为一的，门户中心和产业中心的分开，将影响城市群效率、效能和效益。

大湾区的两个中心城市——广州和深圳都存在这个问题，广州是交通门户中心强大，新经济中心及现代产业尚需继续发力；而深圳则是现代产业经济基础相对强大而交通门户地位偏弱。广深两个兄弟城市应该联手共同打造大湾区大门户和大产业的共同枢纽。

《纲要》对此表达了十分明确的政策导向，除了强调巩固香港的国际航运中心地位外，还多次谈到了广深两大城市的共同门户地位："增强广州、深圳国际航运综合服务功能""提升广州和深圳机场国际枢纽竞争力""加快广州－深圳国际性综合交通枢纽建设"，从此，广深城市发展中那种门户枢纽和产业枢纽不协调发展的格局将得到矫正，广深将联手打造大湾区的综合交通枢纽。

从一个第三跑道的建设就很清楚地看出，深圳在大湾区概念下，目前首先要解决的就是"不通"的问题，也就是要达到路路畅通。连40年前改革开放刚开始时的内地都知道，要想富、先修路，这讲的就是解决"不通"的问题。深圳具有年2.4万亿的经济总量、近1400万常住人口、1100万流动人口的巨大潜力，但长年以来，在陆、铁、地、海、空等大交通、大门户体系内一直严重存在"不通"的问题。深圳机场现有的两条跑道难以适应日益增长的发展需要，而且作为"国际机场"也缺乏足够的国际航线，这也是"不通"的具体表现。

其实，深圳的"不通"不止体现在航空领域。来看看地面，前几年为了打通深盐通道，花了巨大代价，总算有了深盐二通道，但是，现在逢节假日还是会堵，交警部门不得不采取预约出行的措施。至于那些高速公路：梅观高速、水官高速、机荷高速等，也没有办法真正达到高速，耽误事不说，照样还要交高速公路费。其实，或许应该早些取消收费，改为市政化，但此设想尚未实现。

再看地铁方面，2018年，北上广深四大一线城市的地铁通车里程，北京636千米，上海588千米，广州346千米，深圳286千米。论深圳实际管控人口，也有2500万人了，但地铁里程差距还比较大。像这样的超大城市，地铁发展速度没有及时跟上是不行的，这也是"不通"的一个体现。

当然，深圳并没有坐等，一直致力于解决"不通"的问题，一直期待全城皆"通"。比如,《纲要》中专门提到,支持深圳发展前海口岸,这当然是一个大大的"通",是国际门户之通;再如,深圳在积极推进通往盐田、大梅沙乃至大鹏半岛的地铁8号线以及通往惠州方向的地铁14号线的建设;又如,深圳已经大规模启动深汕特别合作区的管理和开发,计划投入巨资开通深圳至深汕特别合作区的高速和快速轨道交通建设;还如,政府已经在研究逐步取消深圳境内所有高速公路的收费;等等。

当然,让深圳更具影响力的"通"在西部。目前,影响深远的深中通道正在加紧建设,预计2023年就可提前通车。此外,深珠通道的建设也在深入研究中。加上深茂铁路等跨江大型交通设施的建设,这样一来,深圳必将成为珠江东岸联通西岸的最重要的城市,这对于深圳和西岸的中山、佛山、珠海、江门等城市的互联互通意义十分重大。

在深圳持续变"通"的背景下,未来的大湾区,门户枢纽将由广州和深圳两大中心城市联手建设,并与香港一道,形成华南地区广深港大交通枢纽带的全新格局。深圳不再是交通的死角地带,而将成为全国乃至国际上重要的交通门户枢纽地。

过去这些年,深圳依托国内外市场,成功地打造了在国内外具有很大影响力的中国高端产业集聚的中心城市。但深圳的软肋是,交通"不够通"、门户地位缺失,这些困局一直制约着深圳经济的再发展。如今《纲要》出台了,深圳获得了与广州同等重要的交通枢纽地位,这意味着,困扰深圳多年的大交通瓶颈就要突破了,"不够通"的困局就要解决了,一个门户中心地位确立、路路畅"通"的深圳必将与广州、香港等兄弟城市一道演绎大湾区更加辉煌的未来!

2019年4月20日

大鹏新区：淡化都市味道，让大鹏更好地飞起来

近日，我参加了一个关于深圳大鹏新区葵涌中心片区城市设计的评审会，应该说设计单位还是下了很大功夫的，不少设计理念和基础设计都有不少创新。然而有一点让我担心的是，在大鹏重要片区搞的城市设计，都市味道太浓了。那些一栋一栋高大的玻璃幕墙大厦，让我们仿佛仍然置身于深圳中心区域，要知道，这里可是深圳最重要的山海生态空间。这样的设计，显然是没有真正吃透大鹏半岛特殊的原生态价值和历史文化价值。

深圳大鹏新区是2011年设立的，统管整个大鹏半岛，包括葵涌、大鹏、南澳3个办事处，辖区总面积600平方千米，其中陆域面积295平方千米。深圳之所以被称为"鹏城"，就是源于大鹏半岛。这里可以说是深圳最珍贵的一块山海生态宝地，被称为"深圳最后的桃花源"，拥有133千米长的海岸线，占深圳海岸线总长度的大约1/2。这里拥有40多个沙滩，最长的西冲海滩长度达5千米。大鹏半岛被国家权威机构评定为中国最美的八大海岸之一。这里还有排牙山和七娘山，有大鹏半岛国家地质公园，还有国家文物保护单位、拥有600多年历史的南国海防重镇——大鹏所城。

由于大鹏半岛重要的山海生态价值，深圳市特别成立了大鹏新区，并且对大鹏新区下达了特殊的任务：大鹏新区是全市唯一一个不以GDP测算发展成绩的行政区，目的就在于实施对山海生态的全面保护。深圳的面积不大，只有1970平方千米，大约一半是生态控制线，其中大鹏新区就占大约1/3。其他城区有的已经高度城市化，有的正在强力推进现代城市化，在这种背景下，大鹏新区在全生态保护下的合理发展就显得非常重要。

在我看来，大鹏新区的最大战略方向就是与其他城区大规模城市

化走相反的方向，实施最严格的生态保护和人文环境保护，坚决遏制都市化倾向，即便是葵涌、大鹏和南澳3个办事处的中心片区，也要严防把大都市的城市风貌照搬过来。

比如葵涌，这里是由深圳市区进入大鹏半岛的入口片区，它数百年来就是一个山海小镇的独特风格，是一个具有特殊味道的生态文旅小城，可以让人想起邓丽君那首名曲《小城故事》的歌词——"小城故事多，充满喜和乐"。这里的城市设计应该坚守反城市现代化的路线，最大限度地保留其老城固有的小巧、古朴、自然、随性、休闲甚至有点慵懒的乡土味，让老城街巷的慢生活在城市设计和发展中弥漫，而不是设计出一堆密集的玻璃幕墙大厦。

我认为，葵涌中心片区的城市设计，不能被"城市设计"这几个字所蒙蔽，真的按照大城市的品位去搞现代城市味道的设计。葵涌设计的成功，关键在于把控好以下三个保护层面：

第一，原生态层面，这里的山、海、河、湖、森林系统等要全面保护。

第二，农耕时代文化遗存层面，主要是老城中的那些古老建筑、老院落、祠堂、庙宇、街碑以及相应的乡村和老镇非物质文化遗产等。

第三，早期工业时代文化遗存层面，指的是20世纪八九十年代在原来老村中间兴建的那些城中村，这些曾经的工厂工人宿舍区看似有些脏乱差，但同样是那段珍贵工业历史的真实写照，将其保护性地改造后，未来同样具有历史文物价值。

葵涌中心片区的"城市"设计，其主导方向应该是一个充满原生态、曾经的农业乡镇和早期工业文化韵味的山海小城。应该执行大鹏新区不以GDP统计为引导的设计理念，应该以大鹏半岛全域旅游为指导，对三个保护层面进行整体融合包装，坚决不导入现代都市的设计风格，坚决不导入高容积率，坚决不导入玻璃幕墙大厦，坚决不导入所谓"生机勃勃、充满活力"这样的都市生活字眼，因为这里就应该是一座大生态、老文化、慢生活的风味小城。

葵涌中心片区乃至大鹏新区的其他中心片区都应该实施上述三个

层面的严格保护性开发设计和整合包装，最大限度地约束和挤压现代建筑的占有空间，最大限度地突出原有的旧城、老镇、古色乡村的古朴、浪漫的历史文化空间，从而形成与深圳现代主城那种高楼大厦林立的城市风貌完全相反的老镇老街的独特风貌和景观，让历史文化镜像与现代文旅消费有机结合，这才是大鹏新区应该追求的"城市设计"方向。要知道，所有深圳人，所有来这里的游客，他们真的不想在这里再看到一堆的玻璃幕墙大厦和现代都市风貌，他们"逃离"都市来到这里，真的是想寻求生态的呵护、老镇的风采和小城的故事。大鹏半岛当然有这种底蕴，问题在于，今天的城市设计是否能够把这种固有的底蕴发掘出来，投放到独特的大鹏半岛的老镇、老城、老街、老村的规划、设计和生活中去。

当然，大鹏新区的保护性开发，并不是一味地"复古"，事实上，现在大鹏新区的各个中心片区已经出现了大量现代风格的城市街道和建筑景观设计，包括这次城市设计的对象葵涌中心片区，真正意义上的老城风貌和资源已经所剩无几了，这是现实。大鹏新区要在尊重现有发展的基础上，按照大鹏新区的山海人文生态发展战略，尽最大努力抢救性地保护所有的山海生态和留存的任何一点历史文化资源，对其进行文化创新性的再造，从而创造出对得起深圳的特殊历史进程、经得起未来历史检验的第四保护层面。的确，今天我们创造的任何东西，未来同样会进入历史，我们要造的是未来深圳的文化遗产，而不是未来历史的遗憾。

希望将来的大鹏新区可以适当淡化都市味道，让大鹏更好地飞起来。

2019 年 6 月 21 日

深圳：致力于建设低碳环保示范城市

在一个30多年高速成长、拥有2000多万人口但仅有不到2000平方千米面积的大都市，在一个传统工业与现代工业交错生存、基础服务业与现代服务业混杂运行的新型城市，近年来，深圳在经济快速增长的同时，坚持以低碳环保为旗帜，吹响了以低碳环保为战略目标的新号角。

当全球气候变暖警钟敲响的时刻，当中国高速成长的国民经济面临巨大环境污染压力的时刻，当碳排放最大国美国退出《巴黎协定》的时刻，深圳却高举起低碳环保的大旗，这不仅仅是一种城市战略的深切考量，更是一种基于国际责任的勇气。因为，低碳环保意味着深圳将与巨量的城市成本做长期抗争。

40年的深圳成长史昭示：成功在于顺势而为的创新。近年来，深圳的低碳环保发展充分印证了这个判断。人均GDP 5万多美元的美国都没有胆量专门走低碳之路，人均GDP 2.5万美元的深圳更无法打造一个原本意义上的低碳环保城市，因此必须在坚持低碳原则的基础上，顺势而为，务实创新！

回过头看，当年深圳低碳环保目标的推出，是基于新城市负担相对低、产业结构相对先进的优势。时至今天，粤港澳大湾区来了，一切都变了，无论从大湾区视角看，还是从深圳3+2都市圈视野看，深圳都已确立了中心城市地位，这种城市身份的华丽转身让深圳必须重新审视自己：如何不辜负一个区域中心城市的定位？如何在低碳环保战略上不错失区域融合发展的机遇？

一种基于中心价值的跨跃式思考和定位，在深圳徘徊。既要坚持低碳环保的战略目标，又能凸显中心城市的特殊影响力和辐射力，这个定位叫CEBD（Central Ecology Business District），中文全称是"中央生态商务区"。

对于中心城市深圳来说，既然要搞低碳环保，又要引领大湾区经济发展，这就意味着深圳必须成为整个大湾区的中央生态商务区，这不仅是一次战略定位的革命，更是一次区域极品价值的再发现。深圳应将低碳环境和高端智造以及极品商务服务相结合，创造高美生态、高端生产、高品生活的"极品三生"发展模式。

世界上有没有这种"极品三生"模式的案例呢？有很多，非常值得深圳借鉴参考。

我们先来看美国纽约。曼哈顿是全球最著名的商业中心，面积约60平方千米，下城是以华尔街为首的金融区。中城则是高级办公和商业区。上城有中央公园、大都会博物馆、古根海姆博物馆、林肯中心、哥伦比亚大学等，上城以第五大道为界，为分上东城和上西城，上东城包括纽约最高档的住宅区，上西城则是文化、教育和展览区，上城就是曼哈顿乃至纽约著名的中央生态商务区。

我们再来看日本东京。东京新宿区总面积为18.23平方千米，与涩谷、池袋并列为东京都三大副都心之一，新宿集中了大量的企业总部和政府机关，新宿区是后来居上的新中心，生态环境一流，拥有新宿御苑、新宿中央公园、户山公园、甘泉园公园、御留山公园等多个城市公园，新宿也是国际有名的都市中央生态商务区。

国内也有不少案例，比如上海。上海长风生态商务区位于普陀区南部，原为长风工业区，后来被政府确定为生态商务区，长风生态商务区有三大特色板块：一是以跨国采购中心基地和跨国采购大会为引领的商贸和会展服务业板块；二是以米高梅国际娱乐中心为引领的商业娱乐和文化创意板块；三是在着重打造的长风金融港，形成以股权投资企业为重点的金融服务板块，长风区生态环境优美，是上海唯一一个在冠名中出现"生态"一词的片区。

深圳应从这些生动案例中看到以推进低碳环保为核心理念的中央生态商务区发展的希望和未来，要坚守生态低碳环保的战略目标不动摇。

同时，在大湾区及深圳3+2都市圈框架下重新认识中央生态商务区的特殊价值，这个特殊的空间形态将以低碳为引领，形成深圳独具特色的中央生态商务区，这里的高端产业将以低碳排放甚至零排放为骄傲，这里的城市空间将因全域生态化而变得特别优美，这里的人居生活将变得无比舒适。

我们看到，在中央生态商务区的架构下，深圳的一系列创新型产城价值体系在快速生成。航空航天、新能源、生命健康等高能低耗尖端产业链异军突起，一大批科技创新型企业已开始谋篇布局。与此同时，绿色TOD（以公共交通为导向的开发）正在编织全新的交通枢纽地。未来，这样的中央生态商务区还将拥有许多生态公园、市政公园等绿地系统，使中央生态商务区成为绿色海洋，深圳还将在这样的低碳空间内打造全国首个低碳文化旅游城。

我们有理由相信，深圳将致力于创建中国最先进、最优秀的低碳环保城市，从而发展为大湾区的中央生态商务区，并且在国际低碳环保理念的引领下，成功将自身创建为"极品三生"模式的低碳环保国际城市。

2019年10月14日

何以再创经济辉煌？深圳需要五大突破

近日，由于今年前三季度深圳经济出现下行风险，网上有了一些讨论。这表明，大家在关心、呵护这个城市，心底里对它抱着非同寻常的期待和希望。无论从哪个角度发声，大家都是一个目的：希望这座改革开放的样板之城在即将迎来特区建立40周年的特殊时刻，能更创辉煌。

那么，大家在讨论之余是否有切实可行的应对策略呢？我认为，《中共中央 国务院关于支持深圳建设中国特色社会主义先行示范区的意见》这份超级重磅文件可以说不但为深圳描绘了恢宏前景，也提出了一系列实施策略。为了解决当前经济发展的一些困局，深圳更需要把中央文件精神与基本市情紧密结合，在冷静分析深圳未来发展大趋势的基础上，寻找到实质性的战略突破点，实施有效突破，这样才能真正实现再创辉煌。

什么是深圳的战略突破点呢？我概括了以下五个方面。

一、民营经济的突破

深圳40年来得以高速发展的最重要因素就是，在全国最佳的市场经济体制和氛围下，孵化出最成功、最活跃的民营经济体系，截至2019年5月，深圳民营经济商事主体达到314余万家，民营商事主体占比达到97.66%。深圳每千人拥有商事主体约240户、企业150户，创业密度全国第一，产生了华为、腾讯、大疆科技、比亚迪等著名民营企业。为了扶持民营经济，深圳的政策力度也非常大，比如，2018年年底推出的"四个千亿"政策，在减负、增贷、增债、基金等方面给予了强力扶持。

然而，今年前三季度的数据表明，外资投资增长了87.8%，国有投资增长了48.8%，而民营投资仅仅增长了3%，还不如同期全国民营经济增长4.7%的增速。显然，在中美贸易摩擦等外部不利因素的压力下，在深圳综合成本上升的背景下，深圳的民营经济出现了一些退缩态势。可以说，深圳经济今年的增长减速和民营经济的退缩有直接关系。

我认为，深圳经济的命脉还在民营经济。面对综合成本上升等问题，当然要加大力度改善营商环境，但是，从根本上说，深圳民营经济的核心问题在于创新动力和能力不足，导致在外围环境条件改变的情况下，出现经济退缩现象。深圳民营经济突破的战略方向在于全面提升民营企业的创新动力和能力。无论是民营企业自身，还是政策环境，都应把创新动力和能力放在最核心的位置。在资源红利、一般政策红利等因素淡化的背景下，政策层面当然要从多个角度发力，强力扶持深圳的民营企业有效提升创新动力和能力，民企自身更要强化内在改变，以创新型运营机制、创新型产业链、创新型产品、创新型服务来应对日益开放、日益升级的国际国内市场竞争。华为的成功经验表明，外围环境的改变、成本的提升其实并不可怕，最可怕的是企业自身没有足够的创新动力和能力。未来深圳的民营经济发展当然需要降低综合运营成本，优化营商环境，但更需要在创新发展上体现民营经济的独特优势，从而形成民营经济的战略新突破。

二、经济结构的突破

近期由于深圳经济的一些下滑状况，有关深圳需保留大比例制造业的呼声又起来了。为什么？就是因为深圳是以制造业立市的，深圳的制造业，特别是高新技术产业的制造能力和总量在全国大中城市名列第一。可以说，加上周边东莞等城市的产业链配套，深圳的制造业优势的确非常了得，在全球也是数得上名次的。因此，尽管在一线城市中，在与国际顶级城市如纽约、伦敦、巴黎、东京等城市的比较中，深圳的三产占比明显偏低，以制造业为核心的二产明显偏高，深圳又把发展目标定为追赶这些国际先进城市，但是，深圳从来没有认真考虑过把相对高的二产制造业比例调低一点,把以高端服务业为核心的三产比例调高一点,以与一个有国际担当能力和影响力的国际化城市甚至全球城市的发展方向相对应。

我在想,是不是存在一种可能,深圳力图在全世界创造一种新的先锋城市发展模式,那就是:以30%甚至以上的制造业占比成为全球标杆城市。有人举出了新加坡的例子,因为新加坡就是以大石化等战略性制造业占比达30%,而同样跻身于国际名城行列的。但是我要说的是,新加坡在国际上更著名的产业地位是它扼守马六甲海峡的国际航运、贸易及金融服务,大石化与国际航运中的大比例石油占比直接关联,是延伸性产业链。新加坡不可能像深圳这样,拥有广阔的制造业腹地优势,它的制造业发展空间非常有限,况且,从全球顶级城市发展规律看,新加坡是一个个例,没有代表性。

在这里,我要强调一下张五常先生的观点,他说,深圳有朝一日将会成为世界的经济中心,超过硅谷,因为深圳旁边有一个制造业产业链极其强大的东莞。张五常这么说,难道是看不见深圳也有很强大的制造业吗?他当然知道,但是,他的话隐含了这样的意思:深圳若要成为全球性经济中心城市,就必须在制造业这个业态上有所减弱,而大幅提升高端三产服务业,特别是直接为制造业提供服务的三产服务业(包括高科技研发产业),而把更多的制造业业态放到邻近的东莞去,这是十分合理的产业布局,是产业分工决定的,是级差地租决定的,是经济规律决定的。深圳这么狭小的地方,一定要保留那么大块土地去搞制造业,显然不合适。当然,深圳也需要保留一部分顶级的、高端的、精密的制造业部分,包括研发试验性制造部分,这也是合理的产业分工,但是,的确不适合大面积保留普通制造业。从这个意义上说,近年来不断有普通制造业外迁就是正常的事,完全不必觉得奇怪。

硅谷是全球科技产业的象征地,集聚了大规模的科创力量,每年都有大量的科技创新成果产生,是全球科技研发重镇。与之相应,这里也成了全球高科技总部所在地。但硅谷很少有大规模的制造性工厂,制造部分大都是分布在硅谷之外的地方,这样的产业布局形成了一种趋势，深刻影响到了全球科技产业的发展。深圳也不例外，比如南山科技园是当年的科技企业集中地，拥有很多科技制造工厂，现在留在那里的工厂已经非常少，绝大部分已经转变为科技企业总部以及科技研发中心，包括科技金融、科技贸易、科技培训、科技交流中心等科技类服务业。

当然，我在这里所说的深圳经济及产业结构的调整和突破，降低二产普通制造业比例，提升高端三产服务业比例，是在现有的深圳1997平方千米范围内的概念。假如深圳能够扩容，能够较大范围地扩容，那就是另外一回事。比如，华为搬迁到东莞松山湖，现在看，确实是属于外迁，深圳不太愿意，毕竟会有人才、产业和GDP方面的流失，但是，假如深圳扩容，把东莞松山湖包括进来了，那就不属于外迁的问题了。在更大的发展空间条件下，深圳的二产制造业长期保留较大比例也是合理的。问题是，现在的深圳，以如此小的面积来建设大湾区核心城市以及全球标杆城市，还要强行规定那么大的纯制造业空间，我认为不太合理，因为这样无法凸显深圳作为核心城市应有的的综合服务功能和辐射功能。这样做，更多的就是单一的GDP思维在驱动，是制造业优势的惯性在驱动，而不是深圳做大湾区核心城市的责任在驱动，不是做全球标杆城市的战略方向在驱动。

三、金融地位的突破

深圳的金融产业发展还是不错的，目前本外币存款总数已经突破8万亿大关，在全国的金融城市排位一直保持在第三位，仅次于北京、上海，甚至在国际金融城市的排位也在近期大幅上升，进入全球前十，排位第九。

按照中央安排的先行示范区的架构，深圳的先行，金融显然是重头戏。然而必须清醒地看到，深圳的实际金融影响力仍然受到多种力量的牵制。比如，香港作为国际金融中心，如果能保持其固有的影响力，则深圳就会在相当长时期内很难在国际化方面与之竞争。在人民币国际化方面，深圳前海担负着重大的使命，但实际如何推进，尚未有更明确的步骤，反而刚刚公布的澳门证券交易所筹建事项，将以人民币计价结算，当是香港证券市场的强力备胎，甚至替代通道，相比之下，这对深圳的金融证券市场会有所牵制。再看创业板，出现早，却排在上海科创板之后，目前是要比对科创板来补短板。

我认为，深圳金融地位的突破，关键是做好五点：①利用前海扩容，强化人民币国际化先行试点工作，要让前海成为国家人民币国际化试验的核心窗口，并与港澳形成良性互动。②开展科技金融试点，加强金融科技载体建设。这是大湾区规划纲要对深圳的特别要求。深圳的未来重点一定是科技创新发展，这是深圳的优势，也是大湾区的希望所在。但是，做全球顶尖科技创新，必须有雄厚的金融支撑，所以，深圳要立足做大做强科技金融，要力争设立国家级的科技银行。③积极推进数字金融产业发展。先行示范区意见对深圳引领性发展数字金融给予了充分支持，例如，数字货币的研究和推广，这方面要充分利用腾讯企鹅岛的优势来强力推进。④海洋金融的发展。中央已经提出深圳要建设海洋银行，这是非常重要的先发领域，深圳要抓好机遇。⑤保持资本市场的大体量、多元化、先发性优势，为中国直接融资市场大发展创造成功经验和最大平台。

四、消费的突破

消费是深圳经济中相对薄弱的领域，与北上广相比，社会消费品零售总额长期处于低位，这可能与深圳的移民城市特征和人口结构有很大关系。无论如何，深圳到了一个重要的时代关口，那就是，必须清醒地意识到，中国的消费拉动时代已经来临，必须在推动消费增长方面提出有效的策略，从而实现消费的战略突破。

大家已经注意到，去年开始举办的上海国际进口博览会具有极其重要的风向标意义。中国长期以来的出口导向型经济正在改变方向。从全球化视角看，那些开放度高、进口量大的国家基本上都是经济比较发达、国际支付能力较强的国家。中国目前强力推进进口，显示了中国的经济正在步入更高层次，中国的国际支付能力也在大幅提升。当大量国外的优质产品源源不断地通过进博会以及其他管道涌入中国的时候，中国的消费品市场将发生重大改变，国人的消费水平、消费生活方式也会出现重大改变，同时还会对中国的工业制造业形成巨大冲击，迫使很多中低端制造业转型升级。深圳作为中国制造业第一大市，当然会首先面临这种改变，深圳的消费品市场也会发生重大改变，并深刻波及市民的消费生活。

与此相应的一件事是，今年前三季度，深圳的外贸进口增速出现较大幅度下滑，这和上海进博会的贸易动向有点不太吻合，其背后恐怕和深圳的消费动力不足有关系。所以，未来深圳经济的增长，还需要在消费动力上多做文章，大幅提升深圳的消费拉动能力，积极创建深圳国际化、高品位和繁荣的消费城市形象。

五、都市圈的突破

深圳的再发展，显然不能只盯着自己那狭小的"一亩三分田"，毕竟深圳面积太小，只有1997平方千米，加上深汕特别合作区的468平方千米，也不过2465平方千米，难以承载未来更大的战略使命。怎么办？事实上，深圳已经在大湾区架构内启动都市圈的发展战略，包含三级概念：其一是港深极点，这在大湾区规划纲要中已经明确提及；其二是深莞惠都市圈，自广东珠三角规划实施以来，深圳一直在推进深莞惠都市圈的发展；其三是"3+2经济圈"，即在深莞惠基础上，再加上河源和汕尾，形成五大城市一体化发展的格局。深圳通过与周边城市融合发展的态势，将有助于互联互通、互惠共享，最大限度发挥深圳经济中心城市的影响力和辐射力，实现城市群共同发展的综合效益和战略目标。这正是中央建立大湾区的真正目的，深圳作为中心城市，显然要带头积极推进都市圈和城市群的发展，并获得都市圈共享式发展的最大利益。

2019年11月10日

八大设计方向助力深圳成为全球标杆城市

设计的本质是创新创意，是对传统的、既成的世界各种空间、物态类图景（如平面图像、工业产品、建筑物、构筑物、各类软装、时装、珠宝、城市空间、生态环保等）的修正、变革乃至颠覆。深圳作为中国改革开放的先锋城市，其设计产业40年来一直走在创新创意的国际前沿地带，取得了一系列重大成就，并因此于2008年成为中国第一个被联合国教科文组织授予"设计之都"称号的城市。

深圳设计正在迎来一个更加具有爆发性想象力的时代。中央在提出影响深远的《粤港澳大湾区发展规划纲要》之后，又专门针对深圳强力推出建设中国特色社会主义先行示范区意见。这份纲领性的文件明确指出，支持深圳大力发展创意文化产业，支持深圳建设创新创意设计学院，引进世界高端创意设计资源，设立面向全球的创意设计大奖，打造一批国际性的中国文化品牌。尤其令人鼓舞的是，中央明确要求深圳未来要建成全球标杆城市。

对于已经荣获联合国授予的"设计之都"称号的深圳来说，对于深圳设计界来说，建设全球标杆城市的宏伟目标意味着设计这个天生具有变革属性和颠覆特质的泛产业必须走在未来深圳发展的前列，要让设计引领深圳城市的颠覆性升级。

什么叫"颠覆"？就是反常规，就是另类，就是扬弃，甚至就是革命。当今时代，互联网当道，我们已经看见物联网、人工智能、区块链等智慧价值链的崛起。这些概念正在快速生成产业能量，构建起智慧时代的商业模式。其中，包括智造设计、网络设计、空间设计、时尚设计甚至顶层设计在内的泛设计产业将以颠覆性形象出现在智慧时代。

城市转型升级的深圳启示
CHENGSHI ZHUANXING SHENGJI DE SHENZHEN QISHI

我们尝试以一种颠覆性的观点来重新认识一下人类社会历史：地球自从有人类以来，无非有三大阶段：第一阶段，蛮荒时代，经历了数百万年，这时的人类社会是自然创造出来的；第二阶段，文明时代，经历了数千年，这时的人类社会是不同族群在不断地相互倾轧中斗争出来的；第三阶段，智慧时代，经历了数十年，这时的人类社会是充分依托人类智慧设计出来的。细想一下，当今时代，从国家制度到军事技术，从互联网到金融体系，从高铁航天到衣食旅居，哪一样不是人类设计的杰作？

诞生及成长于智慧时代的深圳全程见证着设计的力量，承载着智慧创新创意的神圣使命。在大湾区时代和先行示范区时代，在建设全球标杆城市的战略目标之下，如何让深圳设计真正实现全球性的颠覆式突破和跨越？如何让深圳设计真正推动深圳成功转身为全球标杆城市？作为国家产业及城市发展的"顶层设计"工作者，我认为深圳设计可以凭借以下八大方向实现颠覆性突破，并强力推动深圳成功实现建成全球标杆城市的战略目标。

一、让设计绘制深圳全球标杆城市蓝图

改变时代的动力，从本质上说就是两创：科技创新，文化创意。如果说，科技创新是第一生产力，文化创意就是第二生产力。设计属于文化创意。未来深圳建设全球标杆城市，同样要靠这两创。目前，深圳已经充分认识到科技创新对深圳未来发展的巨大引领性作用，但是，对文化创意的同等重要性则认识不足。可以说，缺乏文化创意、缺乏设计的城市是没有魅力、活力、动力和形象力的城市，全球标杆无从谈起。当科技创新为深圳奠定坚实的全球标杆的产业基础的时候，文化创意则为深圳迈向全球标杆城市绘制颠覆性的设计蓝图。在这个意义上，设计具有战略性产业的属性，我们要以城市战略高度理解和发挥设计的战略价值，让设计在深圳创建全球标杆城市过程中发挥战略性作用。

二、让设计强化深圳大平台、大门户功能

全球标杆城市不仅要证明自身实力强大,更要成为全球性的经贸、科技、产业、人文交流、互动、共享方面难以替代的超级大平台和大门户。当今世界的超级城市都是平台门户型城市,通过这些平台门户城市的强大枢纽动力运转,可以实现全球化的链接、互动、融合、共享。对平台门户城市的整体设计就是高效提升这些城市综合枢纽运转能力、效率、价值和形象力的文化创意行动。深圳的未来不仅要做大湾区的枢纽、平台、门户城市,而且要做国际化的甚至是全球化的标杆性、枢纽性城市,要具备极为强大的平台门户功能,这种功能的实现必须依赖强有力的综合设计力量不断导入、不断修正、不断提升。

三、让设计为深圳带来巨量轻资产

如果说,科技创新能为城市带来巨量的高精尖技术体系和相伴生的硬核重资产,那么,文化创意则能够为城市带来巨量的人文价值体系和柔性轻资产。当今时代已经进入轻重资产交融共生的时代,深圳作为一个有影响力的现代城市,一个被期待树立全球标杆的城市,更要在铸就扎实的硬资产基石的前提下,整合各路精英,全方位、全视角、全业态导入超前设计理念和行动,创造出对得起全球标杆城市名称的城市超级轻资产体系。由这个轻资产体系造就的无形资产将为深圳带来难以估量的城市精神价值和城市品牌效应,带来极为厚重的综合价值效益。

四、让设计为深圳智造增光添彩

工业革命300年来,人类已经通过工业制造为世界提供了极为丰富的生产资料和生活资料,人类社会正在变得日益智能化、电子化、

数据化。未来的世界，工业化仍将继续，但是会由常规制造向数据"智造"转型升级。在这个工业大变革的时代，工业设计的功能变得更加强大，它携科技创新与文化创意于一体，几乎成了未来工业发展的灵魂，是制造业华丽转身为"智造"业的关键因素。深圳作为中国科技制造业实力和产能最强大的城市，必然会在未来的工业设计领域继续领跑全国，成为深圳"智造"业走向全球的精神支柱。

五、让设计渗透到深圳智慧城市的各个角落

随着互联网、物联网、大数据、云计算、人工智能、区块链等当代科技的大面积渗透，世界正在快速进入智慧时代。对于一个城市来说，未来的物联网和人工智能系统就像以往的水、电、路一样，将成为城市的基础设施，这样的城市将变身为智慧城市。深圳在全国的智慧城市建设上一直扮演着前锋的角色，我们可以清晰地看到，设计再一次成为深圳智慧城市建设的文创引擎，无论是智慧型标识系统，还是智慧城市整体形象，无论是物联网的万物互联物象表达，还是人工智能的智慧操作体系，都离不开超级设计的身影和贡献。

六、让设计照亮深圳每一个人的生活

有时，在过度的效率导向之下，人们几乎忘却了生活的品质和人生的流连，忽略了人本应有的享受：享受岁月，享受美好。设计恰恰是为人类不断增加美好享受的创意力量。设计渗透到一个人、一个家庭的方方面面，从衣食住行，到游闲养学，概莫能外。深圳之"标杆"，不仅是宏观诉求，更是微观诉求，一定要包含细腻的人文生活，一定要让设计深入每个人的深层生活，要让设计不断改变深圳人的生活方式，不断提升深圳人的生活境界。

七、让设计成为深圳决策层的政策保障系统

设计的概念甚至已经渗透到国家和城市的战略发展流程中来了。人类有史以来最大的社会变革莫过于40年来中国的改革开放了。深圳这个神奇的城市也是在特定时代的背景下，被设定为"经济特区"而获得高速发展的，是由国家实施顶层设计的产物。目前，深圳再一次被国家采用"顶层设计"的策略设计为"先行示范区"，具体到深圳城市内部，则需要一系列具象的中观、微观政策设计，分化到空间、产业和市民生活领域。设计将成为深圳决策层的政策保障系统。

八、让设计强力推进深圳成为中国全球化的引擎

正如音乐一样，设计也是一种全球语境系统，一种全球感知系统，一种全球共享系统。设计产业越发达，设计水平越高，全球共生共享特性越显著。深圳既然把"建设全球标杆城市"作为最高战略目标，其设计的国际化、全球化就必须率先上位。当全方位、全视角、全层面的设计让深圳的城市、产业、市民生活、城市运营、城市价值都成功实现与国际对接，达到全球化标准的时候，深圳的中国国际价值将得到充分展现。那时，先行示范区概念中的"示范"将成为全球化动力，深圳将真正成为中国全球化的时代引擎，为中国对接、融入世界做出卓越贡献。

2019 年 12 月 22 日

热爱深圳，闯荡深圳

（这是2019年8月16日由深圳市政协和深圳晚报社联合推出的《深圳口述史》中对我的口述采访内容，根据记录整理。）

我1991年来到深圳，算是"老深圳人"了。深圳的建市历史仅有40年，却走完了别的城市几百年的道路，创造了世界城市发展历史的奇迹。我来深圳将近30年的过程中，亲历了多次改革的浪潮，亲眼看到了深圳的巨大发展和进步，看到了时代对深圳的眷顾和召唤。现在，我最引以为傲的事就是生活在这个时代、生活在深圳。

一、关注现实社会，这条路可能更适合我

（一）艰苦岁月，勤学苦读

我们这代人，在"文化大革命"（以下简称"文革"）的年代里长大，中小学教育都不太顺利。那时候，我身边的同龄人在忙着参加社会上的各种活动，而我却一心只想读书，想方设法找书看，以弥补传统教育的缺失。那时候找书也不容易，偶尔在书店的角落找到一些还不错的唐诗宋词读本，已是非常难得。有一次，我在一家书店的仓库里竟然找到了一本《英语900句》，高兴得爱不释手，每日捧读。

1974年7月高中毕业后，我自己做了一个木箱子，背了整整一箱书就到省城郊区的一个农村插队去了。那时候，乡下经常停电，白天做农活，晚上就点着煤油灯读书，到了冬天实在太冷，便烧几张报纸，然后趁着有点热气赶紧钻到冰冷的被窝里读书。

因为我爱看书也能写些文章，后来被郊区政府抽调到区里，帮当

地的区干部写一些材料，陆陆续续写了十几万字。我记得有一次，当地的副区长要我帮他写一个读书讲座报告，主题是关于恩格斯的著作《路德维希·费尔巴哈和德国古典哲学的终结》，任务很紧，第二天一大早就要交报告。我哪里懂那么深奥的马恩著作啊？但任务在身，身不由己，我愣是一晚上没睡，似懂非懂地啃完了这本著作，并结合当时的社会形势，洋洋洒洒写了篇万字报告，第二天交报告时把领导都给震惊了。

插队的岁月里，我主动或被动地学习了很多的知识和生活经验，这让当时年轻的我受到了很好的锻炼，也对我今后的学习和工作产生了不可磨灭的影响。

（二）参加高考，改变人生

1976年年底，因为写作能力突出，我被推荐到当时的省商业局以工代干。1977年恢复高考，听到这个消息后，我却陷入了纠结：在人人艳羡、来之不易的"铁饭碗"和梦寐以求的高考之间，久久无法做出抉择。

一天，我又怀着重重心事去办公室，在打开水时一不留神把暖水瓶给摔破了，就在瓶胆"啪"的一声破碎之际，我的犹豫也一下子被打破了，我当即做了决定：一定要考大学！

当时距离高考还有不到2个月，我马上去找我的高中班主任老师求教，她打开家门看到我的那一刻，很平静地对我说："我就知道你会来。"那时我和老师已经3年没有见面了，她这句话让我很感动，在她心目中，我从来就是爱学习的好学生。

从老师那里请教到高考经验后，我开始每天待在家里发奋努力。功夫不负有心人，最后我考了一个在市里名列前茅的优秀成绩，被天津南开大学哲学系录取。

哲学是一门关于世界观和方法论的学问，视野非常广大。到了大二，我们开始分专业，最初我有点想学欧洲哲学史，还到教欧洲哲学史的老师家中去，请教老师该如何着手学习欧洲哲学史。老师家是当时那种老旧房子，比较暗，书房里靠墙有一排老式书柜，里面有几百本书，老师对我说，你就把这些书一本本读完，就可以了。

那天天气特别晴朗，从老师家书房的窗户望出去，是一片蓝天白云，天空中偶有小鸟飞过，那时正值中国开始改革开放，现实社会中充满一股蒸蒸日上的朝气，我当时突然想，难道一定要把自己的未来交付于沉闷的纯学术研究且是对国外哲学的研究吗？为什么我不能直接关注中国现实社会，参与这个时代的改革开放和建设？这条路可能会更适合我。可以说，那次拜访老师家，成了我人生的一次分水岭，从那以后，我开始关注中国社会现实问题的研究。

二、双脚踏上深圳土地的那一刻，我心在呐喊：深圳，我来了

（一）学习社会学，投身城镇研究

20世纪70年代末，教育部决定恢复社会学的教学。1980年，教育部在南开大学举办了一个全国性的社会学专业班，并从全国18所重点高校中遴选了43名学生作为学员，我有幸进入了这个集体。专业班的师资力量非常强大，当年国内最有名的社会学家，如费孝通、袁方等等都是专业班的授课老师。学校还通过多种渠道从美国、德国等国家请来了国际上非常有名的社会学家，如彼得·布劳、阿列克斯·英克尔斯等讲授社会学，大大丰富了我们的视野。

大四那一年，我如饥似渴地学习社会学知识，光课堂笔记就记了20多万字。与此同时，也积极投身于社会调查，课程结束后，我完成了自己的第一篇社会学调查报告《天津老年人生活状况调查》，并发表在了刊物上。

1981年下半年，社会学研究生班成立，我顺利考入研究生班，成了费孝通教授的"开门弟子"。1982年，研究生班开学，同年秋季经学校批准，南开大学社会学系成立，这是1953年以来内地重点高校中的第一个社会学系。

从1983年到1984年，在导师费孝通的亲自指导下，我多次前往

费老的家乡江苏省吴江县（现为吴江市）开弦弓村进行深入的社会调查，完成了硕士研究生学位论文。费老深邃的人生智慧、严谨的治学态度和扎实的工作作风，让我终身受益。

硕士研究生毕业前，费老对我们说："我非常支持你们进入社会中，在社会大学中继续锻炼。"这句话对我产生了很大的影响。1984年毕业后，我回到家乡，进入省级社会科学研究机构工作，投入城镇化、城市问题的研究中，发表了一系列论文，还在1988年出版了我的第一部专著——30万字的《城市学》。

（二）我要去闯深圳

1986年7月，我到深圳参加一个学习班，那是我第一次来到深圳，对这座城市的一切都感到非常新鲜。虽然当时深圳的市区只有上海宾馆往东的一小片地方，但是我看到了创造"三天一层楼"奇迹的国贸大厦，看到了这个城市正在热火朝天地建设，这些都让人感觉十分新鲜和振奋。当时我心里有一个强烈的想法：这么好的城市，我要是有机会来发展就好了。

到了20世纪80年代末期，转机出现了。当时我已经有了一定的学术成果，希望能够有所创新、有所突破，于是我想到了去国外深造。就在我为出国做准备的时候，一次偶然的机会，我了解到一些知名经济学家在深圳创办了中国（深圳）综合开发研究院（以下简称"综研院"），它提出要借鉴并逐步形成像美国兰德公司那样的高端智库型的研究机构模式，打造我们国家自己的"思想库"。当时我就对综研院产生了极大的兴趣，几年前那一闪而过的想法再次浮现心头，这次，我下定决心要到改革开放最前沿的深圳去闯一闯。

经历一番波折之后，1991年，我正式调入综研院。那年的11月3日，我坐飞机到了广州的白云机场，然后又坐大巴到了深圳，双脚踏上深圳土地的那一刻，我的心在呐喊：深圳，我来了！

三、由海岸遐想到华侨城咨询，我踏上文旅策划之路

（一）美丽沙滩让我看到了旅游业的恢宏前景

我刚到综研院时，它的规模还不是很大，人员也不多，因此当时我的工作内容比较广泛，参与了许多深圳市产业发展规划和企业研究报告的编撰工作。1992年，综研院受深圳市政府委托，做能源发展规划，计划占用深圳大鹏西涌海滩的一半建设煤码头。

在前期调研的过程中，我们课题组一行来到大鹏的西涌海滩，当时我们都没有去过大鹏湾，刚下车，就被西涌海滩的旖旎风光震撼到了！当时我们都意识到，建煤码头势必会破坏这么美丽的海岸和沙滩环境，但是能源发展规划又不得不做。最后，我们一致认为，建设煤码头不能动用这片沙滩，应另寻目标，于是就向市政府提出了不使用该沙滩的规划建议。没想到市政府认同了我们的建议，之后，我们也向市政府提交了一份非常优秀的能源发展规划。

工作圆满完成了，但是西涌海滩的美景却深深地留在了我的脑海中。我联想到国外有很多海滩都成了当地主要的旅游度假资源，我们是不是也可以效仿？有了这样的意识之后，我开始更多地关注和尝试介入国内的一些旅游项目，为政府和企业做相关的旅游策划规划，并在综研院内部成立了旅游研究与策划中心，我担任主任。

（二）为东部华侨城做顾问

做了几年的旅游规划和研究之后，我发现由于旅游项目开发时间长、收益慢，如果只是单纯做旅游项目，极易造成投资收益的不平衡，所以很多旅游项目都会同时开发一些地产项目。地产能够迅速回笼资金，用回笼的资金来涵养旅游项目，旅游项目发展好了，又能带动地产，两者结合成了一个很好的产业组合模式。

既然两者密不可分，我便在2001年把旅游研究与策划中心改为

了旅游与地产研究中心，从此开始了在旅游地产方向的探索。

在我来到深圳的许多年里，一直与华侨城有项目接触，这也让我对华侨城有了非常深入的了解。华侨城是中国旅游行业的龙头企业，自20世纪80年代末推出中国第一个真正意义上的主题公园——"锦绣中华"以来，一直在文创旅游领域不断突破，并首创了国内的旅游地产发展模式。

但是，随着中国经济的高速增长，城市生活方式也在悄然改变，生态旅游逐渐成为时尚。在此背景下，2003年，东部华侨城项目启动，我担任了东部华侨城景区发展的顾问，为这个深圳建市以来最大规模的旅游项目提供顾问服务，推动这个山海生态型旅游度假区的开发建设，探索生态型旅游地产模式的成长之路。在2007年试业阶段和2009年全面开业阶段，我带领团队分别为东部华侨城做了两次全面性的分析报告。后来，我以东部华侨城为蓝本，在2011年完成了《旅游地产及东部华侨城实践》一书。

现在，华侨城仍不断地在文旅产业上大胆开拓创新，我仍然以华侨城旅游研究院特聘专家的身份为华侨城提供咨询顾问服务。2018年，我主持了华侨城在广东茂名南海旅游岛项目的策划，这个面积22平方千米、总投资500亿的重大项目已经展示出其恢宏的前景。

（三）以文旅IP为策划引领

依托于在深圳旅游咨询服务中积累的发展经验，20多年来，我在国内31个省、自治区、市主持或参与了400多项有关城市战略、旅游及旅游地产项目的开发项目策划、规划和咨询，为各地政府和大型企业做出了自己的贡献。

现在，中国的旅游业经过40多年的快速发展，进入了一个全新的阶段，在这个新阶段中形成了两个重大动向，并且彼此正在加速融合。一个动向是打破空间约束，实施资源、产业、市场融合式发展的全域旅游趋势；另一个动向是以弘扬文化主题为导向的文旅IP（成名文创作品的统称）发展趋势，这个是旅游项目的灵魂。全域旅游实现了文旅外延的最大化，而文旅IP则推动了文旅内涵的最深化。

可以说,"全域旅游+文旅 IP"构成了当代中国旅游业发展最引人关注的战略方向。

我这些年来所涉足的文旅项目咨询和策划重点是围绕文旅 IP 的打造而展开的。比如,对于江苏某江岛项目,我根据其具有河豚资源的独特优势,策划了以河豚文化为主题的河豚岛文化旅游区;再如,山西某市手工艺发达,我策划了以手工艺文化为主题的特色小镇;又如,浙江某山拥有特色道教养生历史文化资源,我策划了以该特色为依托的道教养生度假区;还如,陕西的传统文化极为发达,我为某著名佛教圣地策划了以世界佛都为核心的产城旅一体化方案。近期正在为江西某农科文旅小镇做整体策划和概念规划。20 多年来,我主持和参与了很多这样的案例,我始终以 IP 主题为文旅创意策划和规划的核心,取得了应有的策划规划成效,我也获得了丰厚的经验积累。

四、多元探索:持续关心城市战略和房地产发展

(一)城市战略:源于费老,融于社会

当年跟着费老读研究生时,他重点做小城镇研究,我也就对城镇问题做了不少探索。但是,我生长在大城市,对城市问题似乎更关注。研究生毕业后,我一直致力于城市研究,在 20 世纪 80 年代就出版了 30 万字的专著《城市学》。

来到深圳以后,我对文旅策划产生了浓厚兴趣,但并没有放弃对城市的研究,多年来,无论是对深圳,还是对国内其他城市,我一直在寻找机会进行实证研究。比如,进入 21 世纪后,我主持了重庆永川城市战略研究,提出的"一三五战略"对永川的城市发展起到了非常重大的推动作用。多年来,我有机会对国内不少城市,如深圳、重庆、西安、镇江、唐山、侯马、珠海、中山、茂名、遵义、昆明、成都、红安、青岛、大连等,进行了多角度的研究,提出了一系列的发展战略构想和思路。最近我对青岛胶州所做的城市发展战略再一次

获得了胶州方面的充分肯定，为青岛全市发展提供了值得借鉴的参考文案。

深圳作为我国改革开放的排头兵，在将近40年里做出了巨大的成就和贡献，我在深圳这座年轻的城市也生活了将近30年，一直关注深圳城市的发展。现在，国家提出建设粤港澳大湾区，我想，深圳仍然有再上一层楼的机会，我希望跟随深圳的脚步，继续探索中国城市的发展，相信中国的城市、城市群一定能在全球化发展中扮演越来越重要的角色。

如今，科技创新和文化创意（"两创"）已经成为当下时代的价值符号，任何一个国家、一个城市，其出类拔萃的依据就是"两创"。在我看来，深圳就是粤港澳大湾区乃至全国最具"两创"标杆价值的城市。改革开放40多年来，深圳作为"两创"引领的一个典范，在全国，甚至在全球都是具有特别价值的。

在科技领域，深圳大规模实施科创筑基，诞生了一大批高科技企业；在文创领域，深圳大幅度推进文创造核，不但缔造了国内首屈一指的"文博会"，还在一系列文化建设领域进行了超前的创意探索。拥有"两创"能量的城市必然会成为世界城市。

作为深圳人，我为这座城市"两创"的成就感到骄傲，而来到深圳，也是我这辈子最正确的选择。在深圳，我总感觉有很多事想继续去做，这种状况在深圳很普遍。我会尽自己的绵薄之力，为深圳乃至国家的发展继续贡献力量。

（二）房地产：一直在跟进时代的前进步伐

我本来对房地产并不在行，但是，研究城市问题，无法离开房地产问题。记得20世纪90年代中期，深圳商报一位记者邀请我参加一个房地产论坛，我依据自己所了解的情况做了一个发言，没想到受到大家的高度赞赏，这次活动极大地刺激了我对房地产的兴趣，从此开始了对房地产的探索。

多年来，我在深圳参与了数百场有关房地产和楼市的论坛，做了数百次的演讲，也多次为政府和企业开房地产讲座。此外，我在杂志、报纸以及后来我自己开的微信公众号上先后发表了成百篇有关房地产的文章。我还在过去 20 多年中多次接受了中央电视台、凤凰卫视、第一财经等国内主流媒体有关房地产问题的采访。我的关于房地产的一些重要研究内容，已经收录到中山大学出版社 2019 年出版的《文旅与地产：顺势而为》专著中了。

  有人可能会问：宋老师，你又研究文化旅游，又研究房地产，还研究城市战略，这么多领域，会不会分散精力啊？我是这样认为的，在现实的经济社会中，这些内容都是融合在一起的，你很难把它们刚性分开。这么多年来，我关注这些领域的发展，做了大量调研，也出了大量研究成果，自我感觉还是很得心应手，没有什么精力分散的问题。我是学社会学出身的，无论城市、房地产还是文化旅游，在我看来，都是一个社会的多个切面，我无非是把这几个切面组合在我的重点关注领域中而已，我会这样继续走下去，乐此不疲。

2019 年 8 月 16 日

第四章

深圳地产：中国楼市风向标

形势复杂,趋势未变,稳字当头,善抓机遇

一、关于当前宏观经济形势

当前,宏观经济环境虽然存在一些困难,但是,我认为国家基本经济面没有发生根本改变,6.5%的GDP增速在国际上仍属于较高增长速度。上海进博会的推出表明,中国已经实质性跨入产业转型的通道,创新求变正在成为中国经济未来增长的主导诉求。

二、关于中美贸易摩擦

美国发动的中美贸易摩擦曾经来势汹汹,目前仍然是历史之最,但事实表明,贸易摩擦对中国外贸出口几乎没有什么明显影响。2018年10月,中国进出口总值2.75万亿元,增长22.9%,外贸增速创下年内新高。前10个月,中美贸易总值为3.44万亿元,增长7.4%,占我国外贸总值的13.7%。10月当月,中国实现对美顺差317.8亿美元。

中国应对美国大豆关税问题的对策是,在俄罗斯、泰国等国大量租地种植,迅速形成替代。通过适度降低汇率,事实上强化了出口,而美国的亢奋态势似乎在减退,股市出现大幅下跌。

总结一下:中美贸易摩擦的整体影响应该会减弱,但不能掉以轻心,也不必惊慌失措。

三、关于粤港澳大湾区

习近平总书记近期来广东视察,再次明确了中央对粤港澳大湾区的全力支持。大湾区一年来的舆论造势很有成效,引起了国际社会的

关注。香港今年的态度比较积极，特区行政长官多次前往广东各地谈合作，甚至提出飞地模式。大湾区从总体上看，的确是处在全面跃升的通道里，长期前景应当看好。但是，大湾区发展仍然存在不确定性：一是大湾区规划今年始终难以推出，显然有内在的困局；二是长江三角洲区域一体化刚刚上升为国家战略，大湾区显然有些压力；三是粤港澳三地在体制机制上存在的差异性使得大湾区合作难度不小；四是港深穗三城关系仍然微妙，处理不好可能影响大湾区发展。

港珠澳大桥通车，对西岸澳门、珠海的发展会有明显好处，特别是对澳门、珠海的旅游业发展有直接突出的带动作用。但是，大湾区两岸产业格局大体已定，东岸金融、航运贸易、高科技不会大量西移。目前，大桥明确限制深圳350万辆汽车的驶入，不利于助推澳门、珠海的发展。

从长远看，珠海的产业结构和经济潜力仍然无法与深圳相比，不在一个层次。珠海应该充分利用港珠澳大桥以及未来的其他通道，全面提升产城一体化质量，推进文旅商娱大发展。

四、关于民营经济

2018年11月1日和8日，习近平、李克强分别主持座谈会，力挺民营经济，中央针对企业家印发重要文件，鼓励营造环境，弘扬精神，发挥作用。最高人民法院发布1号文件：保护企业家，为企业家创新创业营造良好法治环境。中央还对国有企业提出"竞争中性"原则，这也是对民营企业的保护。

从国际看，这些特殊举动是为应对中国更大程度的改革开放和市场化发展；从国内看，是以更加尊重市场化发展来应对中国的创新型国家战略。显然，这不是中央的权宜之计，而是长远战略，对民营经济是重大利好，这是民营经济发展既往基础层面和未来战略层面的定心丸。

但必须明白，与中国民营经济相伴的是强大的国有经济，其关系的协调会有波动。民营企业不能指望国家出一个一劳永逸的对民营经济的扶持政策，民营经济和民营企业注定要长期在国家产业战略中不断寻求张弛有度的发展格局，要在动态平衡中构建民营经济、民营企业自身的发展轨迹。

近期国家不会再推出类似 4 万亿元的政策对民营经济给予扶持，但明年宏观政策领域的减税、定向扶持、宽松营商环境等都会出现，民营企业要立足于在国家扶持发展的大政方针背景下寻求独自发展的道路。

最近，深圳市发布了《关于进一步推动我市中小企业改制上市的若干措施》，这是积极推动中小民营企业利用资本市场获得跨越式发展机遇的重大举措。长期以来，中国中小民营企业苦于融资难、融资贵，往往失败于发展半程，资金困扰是多数中小民营企业难以做大做强的致命拦路虎。目前，中国资本市场正在发展为多层次、多渠道、多规模、多门槛的大市场，中小民营企业兼并重组、改制上市正在日益成为现实，特别是那些高科技、国家战略性新兴产业类的中小民营企业更有机会。深圳作为资本市场相对发达的城市，推出这个文件具有十分重要的示范意义。

五、关于房地产

2018 年 7 月 31 日，中央政治局会议指出，下决心解决好房地产市场问题，坚决遏制房价上涨。9 月份北上广深 4 个一线城市新房和二手房价格均下降 0.1%，70 个大中城市中二、三线城市的新房和二手房价格涨幅均有回落。10 月份整体成交环比继续下降 6%，一线城市成交回升态势在 10 月戛然而止。10 月份诸多城市新开盘项目开盘去化率普遍大幅下降，预计 11、12 月降价持续且助长观望，项目去化不力蔓延、加剧。

新华社的文章指出，决不会允许房地产调控半途而废、前功尽弃，这表明中央调控决心不变，在当前形势下，国家不会像以往那样通过房地产来刺激经济。

但是，房地产在国民经济发展中的重要作用客观存在，尤其是房地产上下游数十个产业关乎国家就业的稳定性。房价下跌关乎中国整个金融体系的安全性，因此，2018年10月31日，中央政治局会议没有再提房地产调控问题，但这不意味着放松调控，而是表示不支持舆论和市场引导房价出现暴跌。

目前房价的下跌幅度有限，预计在明年春节前会有10%～20%的下跌空间，以及整体市场在春节后会有一定的回暖和小幅上扬。

深圳楼市在中央调控和深圳新政推出的形势下也出现收缩现象，10月新房住宅网签量继续大幅下滑，环比下降18.37%。住宅供应大幅增加，住宅整体开盘去化率约25%。预计未来很长一段时间成交量都将在低位徘徊，新房住宅成交均价环比减少9元/平方米，显示新房住宅均价依旧坚挺。

深圳10月二手住宅成交环比下降23.5%，是近20个月以来最低值，短炒投资客逐步离场，持币观望增加，后期成交预计继续保持低迷。

深圳租赁需求仍然十分旺盛，长租公寓市场广阔，短期内租金仍有上升空间。2016年10月以来，新房价格累计下调了12.2%。2017年以来，租金累计上涨了17.0%。

由于供需关系仍然紧张，预计深圳房地产现有格局将基本保持稳定。

近日，盛传深圳大量房产7折拍卖，断供潮涌现，这是明显的谣传，是歪曲事实，是扰乱市场的行为。事实是，法院拍卖房产年年都有，去年2100套，今年2800套。增加的原因是，年内增加了司法网拍的推广力度，导致网上录入数增加，所谓7折是法律规定的法院拍卖房产的起拍价，不是什么打折甩卖。法院拍卖的房产除了住宅，还有厂房、写字楼、酒店等，拍卖的主要原因是债务纠纷，而不是断供，所以没有什么断供潮。

2018年11月7日晚，深圳规划和国土资源委员会发布《关于做好没收违法建筑执行和处置工作的指导意见》，正式提出将依据法律实施违法建筑的没收行动。没收违法建筑是指违反土地管理或城乡规划法律法规进行违法建设的建筑，明确深圳没收执行后的违法建筑属于国有资产,应当由接收单位实际控制。

这显然是深圳政府查处违建政策表述在近20年来力度最大的一个文件,其表明,深圳查违已经由战略退让到战略僵持到战略反击再到战略决胜阶段。近2亿平方米的违法建筑将面临最严峻的政策围剿。

但是,此事涉及的利益平衡影响巨大,估计不会立刻大面积铺开,违建的没收式处理仍将按步骤推进,而且会分类处理。原则上2004年深圳土地完整收归国有前后的违建会不同对待,流程上应该以是否纳入政府城市更新或保障房建设计划为准。

最近深圳推出《深圳市城中村(旧村)总体规划(2018—2025)(征求意见稿)》,划定综合整治分区,保留部分城中村,土地不得纳入拆除重建类城市更新计划。深圳城中村总规模约320平方千米,划定99平方千米为综合整治分区范围,约占1/3,实施综合整治类更新的城中村居住用房全部纳入政策性住房保障体系,进行统筹管理。

此举有利于保留传统城中村的传统村落底蕴和传统产业居住人口文化特色,有利于保留城中村改造的弹性,减少拆迁式改造可能给房地产市场带来的震荡,也有利于现有大规模的租住人口继续留在后续开发的长租公寓内。此举将给深圳乃至全国的城市更新提供富有现实操作意义的经典范例,但客观上会拉长城市更新周期,加大房企的资金压力和市场风险。此举也终止了城中村原业主通过拆迁获取高额补偿的机会,可能引发反弹。综合整治类城市更新将成为未来深圳城市更新的重要方式,与拆除重建类成为主要的两种模式。

六、深圳房企的对策

对策一:充分利用国家现阶段对企业特别是民营房企的支持性政策,全面提升房企的市场地位。

对策二:在新一轮对外深度开放中,适度扩张新经济产业链,以创新发展取胜。

对策三:把房企工作重点放在以深圳为中心的粤港澳大湾区内,

继续寻求更多的新发展机会。

对策四：精心选择进入深圳拆除重建类和综合整治类城市更新，实施战略布局。

对策五：在当下中国房地产收缩期，练内功，调结构，降成本，补短板，待新机。

2018 年 11 月 17 日

2019年深圳房地产走向与机会

一、2018年中国房地产形势回顾

2018年，中国外部经济环境较为恶劣，中美贸易摩擦持续，对中国的整体经济下行压力加大，内部经济形势明显走弱，固定投资、消费、出口经济增长"三驾马车"增速同时有所下滑。

2018年也是全国房地产调控非常频繁的一年，市场继续围绕"房住不炒"主基调和"坚决遏制房价上涨"的政策诉求，深化调控，调控手段更多、更复杂，全年各地调控达400多次，调控次数为历年之最。无论是一、二线城市，还是三、四线城市，纷纷加码调控。

受宏观形势和调控影响，全国一线城市楼市均出现收缩、下跌势头。三、四线城市由于去库存成效明显，货币化棚改政策大幅转向，其楼市的流动性狂潮急速消退，三、四线迎来低潮期。二线城市相对较好，但在两端市场低迷势头夹击下，也逐步呈现不稳定趋势。整体楼市在告别2018年之际，不同程度显示出量缩价低的低迷态势。

临近2018年年末，稳增长被提到更高位置，成为未来中国经济的首要任务。货币政策上，从过去的"一刀切"去杠杆到目前的结构性去杠杆、稳杠杆，房地产因城施策、分类调控将成为未来调控的主旋律。

二、2018年深圳房地产基本表现

2018年深圳房地产市场以深化调控为主。上半年三价合一、二次房改市场短期调整，但很快回升；下半年"731新政"[2018年7

月31日，深圳市发布《关于进一步加强房地产调控 促进房地产市场平稳健康发展的通知》（简称"731新政"）]调控严厉，市场反应非常明显。"731新政"调控也直接导致深圳市场上、下半年表现完全不同，上半年深圳市场有所回暖，成交有量价齐升趋势；而下半年实施"731新政"后，住宅限售3年、公寓限售5年，市场成交骤降，流动性显著下滑，价格也由升转跌，短炒投资客基本离场，刚需客观望态势明显，由此，深圳正式步入下行调整阶段。

2018年，深圳新房成交量仅29396套，是22年来的第二低量，较去年有所上升，但还远低于近10年的年均成交量，新房均价连续3年维持在54000元/平方米左右。在政府严格限价下，一、二手房价倒挂现象明显，事实上是在去除泡沫、夯实房价的合理性并积累动能。

截至2018年12月底，深圳全市新房住宅存量为346.5万平方米，同比上升2.33%。按照过去一年平均成交量计算，去化周期为14.22个月。这是因为9月中下旬以来，供应不断增加，年底存量骤然增加，但2019年上半年开发商推盘节奏将放缓，加上市场回暖，成交上升，存量年中将再次走低。

2018年上半年二手成交量价同升，甚至出现一、二手房价价格倒挂。为防止二手房价过快上涨，深圳上半年出台"三价合一"，但影响有限；下半年"731新政"出台，影响凸显，加上外围经济环境恶化，国内经济下行压力增大，人民币贬值压力增加，国内投资意愿降低，导致二手房市场后半年出现量价齐跌的调整格局，10月之后更加明显，买方市场显现。

三、2019年深圳房地产走向的背景分析

我们先来看一下全国经济形势及政策背景。

在全国经济下行压力继续加大的背景下，近期房地产的预期发生重大改变，由上涨预期变为下跌预期。政策面随之由严控上涨变为预防大幅下跌。10月和12月的中央政治局会议都没有再提房地产调

控。年末,各地纷纷传出政策放松的信息,进入2019年,央行首次降准一个百分点,释放1.5万亿资金。住房和城乡建设部(以下简称"住建部")提出房地产三稳:稳地价、稳房价、稳预期。这预示着今年中国房地产将呈现政策和流动性均相对宽松的格局。

我们再来看一下深圳经济基本面背景。

2018年的数据表明,深圳经济的基本面仍然良好,全年GDP 2.4万亿元,增长7.5%,进一步甩下港穗,靠近北上。一般公共预算收入达到9102亿元,地方财政收入达3538亿元。深圳在全国主要城市中对土地依赖程度是最低的,仅12.7%。全社会研发投入占GDP比重达4.13%,PCT国际专利申请量连续15年比例约占全国一半,国家级高新企业11230家,成为支撑实体经济的灵魂。居民收入进一步提高,公共服务环境进一步改善。深圳资金充裕,本外币存款总额达7万多亿,排全国第三。深圳人口持续大幅增长,近年每年新增人口50万左右。

深圳住房的供需关系情况如何?

深圳的住房总量在1000万套以上,但红本房不到200万套,按一家3口、一家一套计算,理论上拥有红本房的常住人口数为600万。而事实上,一户两套或数套的人家不少,保守估计为500万。深圳常住人口1300万,无红本房人数约800万。尽管他们不少人拥有小产权房、军产房、单位房,其他人租房居住,但拥有一套红本房仍然是他们的追求。深圳的住房需求若放在红本房平台上考量,则供需关系的不平衡是长期的、严重的。

深圳楼市的政策走向如何?

从总体看,2019年深圳楼市仍然坚持"房住不炒"方针,但2018年年末,深圳楼市房贷政策出现松动,多家银行下调房贷利率上浮额度,预计今年信贷政策将紧密跟踪楼市实情实施调整,其他政策暂时不会变化,所有政策表达都是围绕一个"稳"字展开的。

四、2019年深圳房地产走向

在上述背景下，2019年的深圳楼市走势将会如何展开？下面我用四句话概括：

(1) 房住不炒，调控延续，大势不变，立足长效。
(2) 稳定预期，防范大跌，适度宽松，市场对冲。
(3) 二次房改，商保并举，潜需恒强，供难应求。
(4) 更新求变，临深扩融，保障加持，存量深耕。

(一) 房住不炒，调控延续，大势不变，立足长效

中央强调坚持房住不炒的调控大方向不变。深圳仍然是国内最需要坚持这个大方向的城市，因为深圳的炒房动能最强，主要表现在以下三个方面：

(1) 贷款杠杆率（楼市杠杆率）在全国最高之列，为167%。
(2) 房价收入比全国最高，将近30。
(3) 租金收益率在全国一线城市最低，为1.42%。

但从人口、资金和城市经济看，深圳房地产仍有很强的前景和动力，只是需要在长效机制下调整发展策略，力争平衡、稳健前行。

(二) 稳定预期，防范大跌，适度宽松，市场对冲

近期，全国各地陆续出现的政策适度放松现象已经波及深圳，但这不是楼市反转，而是市场对冲下跌预期。房住不炒的房地产方针和防范房价大跌引发金融风险并不矛盾。从国家政策面看，既不能纵容房价乱涨，也要防止房价大跌。2019年，深圳房地产将通过适度放松信贷促进回暖，维护楼市的稳定，但是，一旦楼市再次出现趋热情况，信贷利率将再次提升，以对冲上涨动能。

(三) 二次房改，商保并举，潜需恒强，供难应求

今年将加快推进落实二次房改提出的商保并举政策。深圳庞大的

无房刚需潜在需求十分强大，而严重缺地缺房的现实对房改进程构成严峻挑战，短期内的二手预期走弱改变不了强大潜在需求的真实性。租房可以做大，但在中国文化中，这似乎永远是一种过渡性安排，具有刚需者永远在期盼有一天会步入有房一族，而以小换大、以差换好的改善性需要同样一直存在。这个现象在深圳非常突出，根本解决这个问题至少需要 20 年时间。2019 年，只要预期正面化，住房的潜在需求就会顽强地表达出来。

（四）更新求变，临深扩融，保障加持，存量深耕

2019 年，解决土地和住房问题的办法主要有四大通道：一是城市更新求变，力争在旧改、棚改领域形成突破；二是临深扩融，进一步改善深圳与莞惠间的通勤能力疏通外溢；三是保障加持，尽最大努力多建人才房、安居房和租赁房；四是存量深耕，将采取多种策略深度挖掘存量住房的复合价值。

五、2019 年深圳房地产的投资机会及建议

我在这里给各位购房者提出十点购房或投资机会研判及建议：

第一，在深圳，刚需购房永远有理，投资必须立足中长期，彻底摒弃投机心态和行为。

第二，目前政策见底，房价难下，预期在修复，买方市场格局尚在，刚需可择机入市。

第三，今年新盘供应非常有限，3 年均价未涨且有一、二手倒挂刺激，夯实了房价。

第四，深圳豪宅价与普宅均价比明显低于港沪京穗杭，显示豪宅未来增值空间大。

第五，二手房市场近期暂时仍在低迷通道，刚需议价空间大，可从容选择。

第六，目前市场上的类住宅公寓限售 5 年，不利买入，但未来供应剧减，小户型适合长期投资。

第七，粤港澳大湾区规划出台，拉开数万亿基建序幕，有助于去化深圳楼市泡沫。

第八，前海扩容提速，引领深圳西部大海湾岸线投资价值由东向西继续梯级抬升。

第九，深圳所有中心、副中心地带及地铁站点片区均具备中长期投资价值。

第十，对于房产投资而言，感性是乔装，理性是依托，在深圳尤其如此！

2019年1月19日

用四个地段的视角分析深圳楼市

深圳楼市一、二手房均价近年来一直保持在 5 万元/平方米左右的水平上，但内部不同地段价格差异很大，比如，南山后海房价已经高达 10 万元/平方米左右，个别楼盘甚至攀上 20 万元/平方米，但深圳外围的房价只有 3 万元/平方米左右。多年来，分析深圳楼市区域情况，大体有"关内关外分类法""六大区分类法"和"新十区分类法"，各有特色和优势。这些基于区级行政区划的分析方法，好处是容易搜集数据和做出统计分析，但最大的问题是模糊和掩盖了行政区划内不同地段的明显价格差距，当然也就很难得出相对准确的结论。比如宝安区，南部的宝安中心区房价已经差不多 8 万元/平方米以上了，少数楼盘价格甚至达到 10 万元/平方米以上；而北部房价仍然是 4 万元/平方米左右。这种情况在南山区、龙华区、龙岗区、罗湖区等行政区都普遍存在，显然这种基于区级行政区划的分类方法对区内房价比较明显的不均衡现象无法做到细分分析，客观上对得出楼市的相对准确的观点和结论带来了不利影响。

如何解决这个问题呢？其实有一个简单的办法，就是由目前普遍采用的基于行政区一级的分类细化到街道一级分类，在全市范围内按照各个街道的房价情况实施地段分类，这样的结果可能更加能反映楼市的真实情况，对于房地产开发、投资、住房买卖等方面都更加具有现实指导性。

我把这种方法称为"X 线地段分析法"。分别有一、二、三、四线地段，房价最高的地段为一线地段，最低的地段为四线地段。显然，这里面的"线"的概念是借鉴了国内普遍采用的一、二、三、四线城市的提法，而"地段"概念则采用了"地段论"的观点。

整个深圳以及临深片区可以分为以下四大地段：

一线地段，宝安中心区（新安街道）、南山区南部及中部、龙华北站一带（民治街道）、福田区、罗湖区西部（沿河路以西），目前住房均价在7万~8万元/平方米。

二线地段，宝安区西乡街道、南山区北部、龙华区龙华街道、龙岗区南部（布吉街道、坂田街道、南湾街道）、罗湖区东部（沿河路以东），目前住房均价在5万~6万元/平方米。

三线地段，宝安区北部、光明区、龙华区北部、龙岗区北部、坪山区、盐田区、大鹏新区，目前住房均价在3万~4万元/平方米。

四线地段，东莞和惠州的临深片区，目前住房均价在1万~2万元/平方米。

可以看出，上述四个地段的不同房价反映的是各个地段在深圳的不同城市定位和地位、不同的人口和资金聚集情况、不同的产业层级等。这样的地段分类显然有利于城市进一步合理改善既有的城市交通，有利于实施更加合理的产业和服务体系的布局，有利于房地产政策的分类指导，有利于房地产开发投资的区域选择和购房者购房行为的地段选择。

上述"X线地段"的分类方法对局部地段的房价归类和分析显然更加符合实际。当然，房价的差异是非常普遍的，甚至一个地段的不同小区，或者一个小区的不同户型、不同位置、不同楼层，其房价都不一样。比如，南山区南部地段的前海、后海、深圳湾、蛇口一带，房价最高的已是一二十万元一平方米，但这个地段也有很多7万~8万元/平方米的楼盘，这恐怕只能再由街道层面细分到片区、小区层面做分析，估计目前对于大多数分析机构来说，还很难深化到这个程度来进行全市的楼市分析。尽管这种"X线地段"分类法仍然不可能把一个地段内的房价差异都反映出来，但总体上还是比按行政区分类的方式更加准确。因此，建议相关部门可以在原有分析手段基础上适当深化，采用这种"X线地段"分类方法，以便给市场更多的、更加可信和准确的楼市分析结果。

需要说明的是，我提出的深圳楼市四大地段并不是绝对的分类，随着城市规划的推进和市场的变化，可能有些地段的房价会上升较快，从而实现地段升级；而有些原来级别较高的地段由于某些原因，也可能出现地段地位的滑落,这背后都折射着不同地段的政策投放力度、基础建设力度、人口和资金进入力度、城市更新力度、产业投资开发力度、市场关注和追逐度等。不同地段的不同房价、不同地位最终还要靠市场竞争而形成。希望深圳的各个地段都有机会得到更大发展,从而能够有机会推动地段升级。

2019 年 1 月 29 日

当前形势及深圳房企应对策略

一、今年国内外基本形势走势及应对策略

中美贸易摩擦已持续一段时间，在我看来，双方多年来在贸易领域的相互依赖，尤其是美国对中国商品的依赖性是非常强的，加税对美国的负面影响会非常大，这一点已经从美国企业界、市场以及学术界的担心中看出来了。因此，我认为形势应该会走向适度和解，达到双方都基本能够接受的程度，这或许是大概率事件，但什么时候达成，目前还很难准确地估计出来。

宏观方面，中国现在要做的就是大力强化内需，以弥补外需减少带来的损失。国债和地方债将替代外汇成为货币发行之锚。

政策方面，未来一段时间，国家的财政政策和货币政策都将偏向适度宽松。股市已经由市场底和政策底强力触底反弹，预计年内持续摸高的可能性是有的，但要看基本面是否继续支持股市。楼市政策会持续性、稳定性地放宽，利率下降，不排除部分"限"性政策适度放开，导致一、二线市场趋向活跃。股市、楼市适度上行，市场将呈现出对宏观经济下行走势直接对冲的格局。

目前，深圳的整体形势与全国相比还处在比较有利的局面，深圳房企应采取的应对策略是：①认清宏观困局中的策略性机遇，以稳健而偏积极的操作推进企业改革和运营；②利用货币政策放松机会和资本市场活跃的情况，实施合理而适度的融资；③以"提质提效"为核心，对企业各部门、下属公司及业务实施"一对一"监管落实；④有效强化年度投入和产出的均衡配置，实现扭亏增盈战略反转；⑤有计划地适度合理导入可持续发展的新型产业，以巩固和拓展企业的产业平台；⑥顺应企业运营升级的迫切需要，积极推进企业人才结构的优化、调整和升级。

二、大湾区规划纲要发布后的机遇及投资策略

今年2月18日,中央推出《粤港澳大湾区发展规划纲要》之后,各个城市纷纷在跟进具体的实施政策和行动。我的总体研判是:

第一,以扶持港澳融入大湾区为主线,国家在这方面的政治定位非常强烈,基本在预料之中,并无特别惊喜之处。香港定位较高,意在稳定并激活香港,但做龙头难度较大,效果尚待确认。澳门定位拔高了,做特色中心还是可以的,并且让澳门发挥特色功能。

第二,广州定位在大湾区的广东部分是最高的,反映了中央对广州的期待。但是,政策的实际扶持并不充分,关键要看南沙的未来走势,如果南沙在未来几年内得不到快速提升和发展,广州就较难达到纲要对其的要求。

第三,深圳定位基调比较平,但内涵还是比较强的,比如,用了"世界级"城市的概念去形容,更有国家科技创新中心、前海新城市中心、全面提升在大湾区的交通门户地位等重大内容的阐述。当然,广深之间有竞争,这是必然的,但两个重心城市仍然要强化互动、交流,共同成长才是正道。

第四,纲要提出了三个极点,其中港深组合式"极点"应该是最重要的极点,在大湾区的核心地位难以替代,若深圳用足、用好这个极点地位,将会深度受益。

当然,目前仅仅有一个有关大湾区发展的规划纲要,连正式规划都还没有,而且也还没有提出实施落地的基础策略和措施,可见,大湾区的大融合式发展任重道远。

深圳房企未来应对大湾区发展,应该采取什么样的投资策略?

(1)数万亿元基础设施投资将带来大湾区整体价值提升,大湾区也必将成为中国新经济、新产业最重要的集聚点。未来更多的大湾区企业应该将投资发展的重点放在大湾区。

(2)深圳的旧改将会有战略性突破,将会提速,各个参与旧改

的企业要精准分析形势，抢抓机遇，以实现旧改的战略突破。

（3）深圳应该强化与广州的战略合作，形成优势互补的战略格局，毕竟面对大湾区的发展，两大城市都不可能单独应对，需要大融合式的发展。

（4）深圳要加强深莞惠都市圈、"3+2"经济圈的合作，深度强化与莞惠临深片区的基础设施和公共服务设施的对接、融合，有效扩张深圳"外溢"的综合效益，形成优势产业和城市空间开发高效结合的发展模式。

（5）深圳企业要早动手，在大湾区寻找优质项目，合理布局谋篇，立足长期运营和更大效益。

三、最新房地产动向分析及操作策略

从节前到节后，深圳的楼市走势是，信贷松动、二手房交易减税、豪宅线上调酝酿、限价实际弱化等。节前万科某大盘走势强劲，节后众多个盘继续热销，去年后几个月需求受压的格局正在快速释放，量价齐升的局面已经出现。事实上，国家已经再一次动用房地产来平衡宏观经济，但是，市场如果过快转向，不排除政策再度趋紧。

深圳的城市更新面临政策面的重大突破。2018年以来，深圳市及各区连续出台成百个更新政策文件，意在打破将近10年来城市更新中面临的利益僵局。深圳提出城中村旧改项目局部可拆除重建，福田提出双95%年度棚改计划，龙岗提出拆赔比太高可调整拆迁范围等。今年应该是城市更新快速推进的一年，应该充分利用各级扶持政策加快房企城市更新项目的有效推进。

近期有一个楼市政策改革的态势引起了大家关注，就是关于按套内面积交易的问题。过去20多年来，一直是按照建筑面积交易，这是当年从香港引进的计价模式（目前香港已经放弃，而改为按照套内面积计价）。按套内面积交易总体上是符合国际上多数国家通行标准的，也符合市场需求，虽然由于计价方式的改变，单价会走高，但房产总价不会改变。公摊面积部分客观上仍然存在，以往单独计价，往后会把费用公摊到套内面积中。以套内面积交易,单价上升,市场可能有抵触,可能导致总价受压,但不会持久。监管需跟上,否则开发商可能在公摊面积上反向操作,压低公摊面积。

2019 年 3 月 1 日

深圳工改政策改变不只影响保障性住房和楼市

3月15日,深圳市规划与自然管理局发布了《深圳市拆除重建类城市更新单元计划管理规定》,其中最引人关注的是第六条,该条规定:在城市基础设施和公共服务设施支撑的前提下,规划为工业的旧工业区,可申请按照简易程序调整法定图则用地功能建设人才住房、安居型商品房或公共租赁住房。

这是什么概念?这意味着,历经多年的工业区改造,由于政策限制难以形成突破性推进的政策障碍取消了,"工改保"(旧工业区改建保障性住房小区)可以大规模实施了。这的确是一个好消息,对于深圳的保障性住房建设来讲,至少有以下两大意义:

第一,它是对深圳二次房改政策的重大支持。深圳二次房改提出了保障性住房占60%的总体政策指标,然而,深圳土地严重匮乏的现实对保障性住房建设构成了巨大的用地压力,去年人才安居集团被迫前往东莞塘厦拍地建保障性住房,但往临深地区拓展,其艰难程度可想而知。这次工改政策向保障性住房倾斜,是对二次房改政策的关键性支持。

第二,它对深圳迟缓的城市更新起到了重大的助推作用。深圳城市更新已经实施了多年,然而进展缓慢,效果不佳。其中,政策的谨慎保守是重要原因。即便在困难相对较少的工改项目方面,也一直存在诸多限制,比如"工改保"以往就规定,只有地铁站范围500米内,旧厂房才可拆除改造为保障性住房。这次工改放开了这种限制,必将大规模扩展"工改保"的范围,并加快"工改保"的速度。

网上已经有不少人关注这一政策的落地将会对深圳楼市带来的影响。我认为,保障性住房大幅度增加,肯定会对深圳楼市带来重要的影响,主要有以下两个方面:

第一,对房价的影响不会像人们想象的那么大。保障性住房规模和占比大幅增加后,新商品房的供给规模和占比会相应减少,但同时购买商品房的需求也相应减少,因为有很大一部分人转向申请保障性住房了。因此,那种认为保障性住房增加必然带来商品房市场房价大涨的判断是缺乏依据的。总体看,楼市会有一定的波动,但影响不大。

第二,调控政策将逐步退市。由于保障性住房大幅增加,会有效降低商品房市场上的供需矛盾,随着这个过程的不断推进,原有的楼市调控政策会逐步退出市场,因为保障性住房供给已经大大缓解了调控的压力,楼市可以回归市场化操作了,不需要那么多限制性管控了。

如果我们把这次"工改保"政策的重大变化带来的影响仅仅停留在二次房改和保障性住房建设上,仅仅停留在对楼市的影响上,那就肤浅了。我认为,这次"工改保"政策的改变,对深圳产业结构和经济结构会带来很大的影响,进而对深圳的城市地位和价值带来深刻的影响。

我们知道,深圳的崛起得益于工业制造,特别是十几、二十年来的高科技制造,其结果是,深圳创造了全国大城市无法匹敌的高科技工业产值,年产值达万亿元以上。这是深圳一直以来的骄傲和资本,同时,深圳必须严守30%的工业用地红线,不得超越。由于这个严格的工业用地政策的实施,导致深圳以往的工改项目附加了一系列的严苛条件,工改项目只能艰难推进,效果不佳。

然而,深圳经济的成长事实上已经陷入一种突出的结构性矛盾之中:在粤港澳大湾区背景下,深圳期待得到更高的定位,比如湾区核心引擎、核心城市等,然而,走遍全世界,任何一个核心城市的工业制造占比都不会超过20%。纽约、伦敦、巴黎、东京、新加坡等世界级城市,其制造业占比都低于20%,而三产服务业占比都在80%以上,有些城市甚至超过90%。

三产服务业同样是实体经济,服务业占比高,说明这个城市对外辐射力、影响力更大,比如香港,其三产服务业占比高达93%,而二产制造业占比则不到2%。这表明,香港对全球的综合服务能力非常高,它不需要用大量的土地从事制造业。香港的制造业比例虽然有些低,但其核心问题出在三产服务业内部结构不平衡上,而不是二、三产业的不平衡。香港服务业中,面对大湾区的世界工厂性质,在生产性服务业方面,包括科技研发方面比较薄弱,而重头放在了房地产、金融方面,并且过度倚重,导致房价过高,反而拖累了香港经济。

深圳的经济结构问题正好相反,深圳太倚重二产制造业,不愿意在占比上给三产服务业让步,其结果就是在极为紧张的土地供应政策上长期为制造业保驾护航,30%的工业用地红线政策就是这么出来的。问题是,深圳坚守工业用地红线,坚守工改项目的工业方向,最后,深圳的经济结构迟迟得不到国际标准的转型升级。2018年,四大一线城市中,深圳的三产服务业占比远远低于北上广。

深圳三产服务业相对滞后的结果是,深圳的城市综合配套能力严重不足,其交通、商业、医疗、教育、居住等重要基础产业、公共服务业、社会生活类产业领域长期落后于北上广,与其经济的高增长局面严重不匹配。深圳的社会消费品零售总额也远远低于北上广,这个问题也长期成为深圳在一系列国际城市评比中拖累深圳总分的主要障碍。

深圳三产服务业得不到有效提升的一个重要原因就是用于三产服务业的土地过于紧张。我曾经在2018年2月8日发表的公众号文章《降10%!深圳工业用地敢不敢来一场革命?》中提出,深圳应该打破一贯以来坚守的30%工业用地的限制,大胆缩减10%工业用地,用于住宅开发和医疗、教育、交通、商业等服务业,这样,深圳的城市格局和产业结构才显得更加合理,深圳多年存在的正规住房、医疗机构、教育机构严重短缺的问题才能够得到有效缓解和解决。

如果这样,深圳的工业、科技制造业优势还能保证吗?当然可以,一方面,深圳有了第11区——深汕特别合作区,深圳的许多制造业可以搬迁过去,可以在那里扩容、提升。另一方面,像华为那样,可以把制造业的工厂搬迁到临深片区的东莞、惠州等地去,这并不会降低深圳制造业的价值，反而会有效提升，这也是大湾区城市群发展的必然选择，同时，这样做完全符合国际化乃至世界级城市的发展规律。

　　回头再看这次深圳工改政策的改变，意义就深远了。随着大量的工改项目被开发为保障房，一方面必将大量满足中低收入市民的住房需要，落实二次房改的战略任务，有效提升深圳土地和住房供给与市场需求的对接度；另一方面也必将大幅提升深圳三产服务业的空间和增加值占比，有效提升深圳在大湾区内向国际化、世界级城市挺近的速度和效率。

　　这次工改政策出台后，深圳的三产服务业占比在不远的将来能否追上北上广？让我们继续观察吧。

2019 年 3 月 18 日

粤港澳大湾区背景下的房地产业发展机遇

（这是 2019 年 4 月 12 日受香港《大公报》邀请所做的一次线上分享，根据记录整理成文。）

《粤港澳大湾区发展规划纲要》对大湾区提出了很高的战略地位要求。五大战略发展定位包括充满活力的世界级城市群、具有全球影响力的国际科技创新中心、"一带一路"建设的重要支撑、内地与港澳深度合作示范区、宜居宜业宜游的优质生活圈。在整个大湾区规划纲要的 2.7 万字中，没有一个字提及房地产业，这是表明房地产业没有机会吗？不是的，虽然《纲要》没有提及房地产业，但给房地产业提供了巨大的机会，字里行间到处是房地产业的机会。

一、纲要中的"五大战略定位"就是五大机会

（一）充满活力的世界级城市群

全球世界级城市群都是人口、资金、产业、空间容积率非常密集的地带，房地产业没有人口、产业集聚就不会有前景。大湾区 11 城在过去 40 年中已经奠定了城市群整合发展的基础。特别是中国香港、深圳、广州高密度集聚，这种国际城市群聚集的现象在国际上并不多见，这决定了大湾区活力在全球都是领先的。城市群相比单一城市更容易实现区域发展的高效能、高效益。城市和城市群在整体发展方面，以及房地产投资发展理念和模式方面有差异。大湾区整合过程中，房地产发展肯定要盯住城市群格局去做，资金、整个产业、土地使用、市场都是互动格局而不是单一开发，这是重大差别。在世界级

城市群之下，房地产要以支撑产业长期发展目标为主，因此"充满活力的世界级城市群"对房地产而言就是机遇，我将其概括为"活力、密度、融合、高成长"。

（二）具有全球影响力的国际科技创新中心

全球实践表明，资产价值最高的地方就是国际科技创新能力密集的地区，如硅谷就是国际创新之都，其物业价值远超美国其他地区，是美国其他城市平均房价的3倍。科技创新中心之所以成为价值高地，在于集中体现了各国的核心竞争力。大湾区40年来已成为中国和全球最重要的科技创新平台之一，未来广深港澳科创走廊建设将集中体现大湾区的综合价值。科技创新中心建设必然会使大湾区成为未来中国高端产业的标杆地带，这是不可阻挡的潮流。全球顶级科技研发、商务产业链都会引导房地产中重要的写字楼、公寓等商务型产品更新换代。从房地产角度看第二个机遇，高端产业、区域升级、标杆效应都代表着房地产的重大机遇。

（三）"一带一路"建设的重要支撑

大湾区历史上就是中国最重要的海上丝绸之路的起点和贸易通道，百多年来其发展奠定了大湾区最具国际化和开放性的基础。现在全球贸易经济格局大动荡，还没有稳定下来，这预示着世界经贸关系面临巨大变化，我们必须面对这种变化。中国必须强力推出能与世界新经贸格局实施战略对接的超级平台，"一带一路"就是中国主动开放对接世界新经贸格局的主脉，大湾区是中国能与国际新经贸格局快速全面平等对接的关键，这样，两者关系就非常清楚了。"一带一路"和大湾区的整合，意味着开放式、高价值的投资将大行其道，这一定是趋势。国际交流、交通物流枢纽、大型基建等将为大湾区高品质投资带来重大机会，因此，第三个定位将为房地产带来国际化、大开放、高投资的机会。

(四) 内地与港澳深度合作示范区

40年来，港澳在珠三角地区有大量投资，60%～70%的港澳投资落在珠三角地区，使珠三角特别是深圳、东莞成为世界工厂，当然也包括佛山、广州。未来在大湾区框架下，港澳将与珠三角九城实施更深层次的合作。大湾区重点地带将吸引港澳资本再度以高端产业投资的名义进入。本轮大投资一定会与内地资本联合、快速推进大湾区的城市产业升级，珠三角九城很多基本产业将面临升级，港澳高端产业和投资将助推升级，并快速消除港澳与珠三角九城的隔膜和差距。粤港澳大湾区的深度合作，将推动珠三角九城价值的全面提升，未来九城和片区土地价值将与港澳逐步平滑对接，这是一个趋势。从第四个机遇角度看，房地产行业将高位再引港资，价值对接港澳。

(五) 宜居宜业宜游的优质生活圈

以大湾区承载的国际化重任看，现在大湾区人居水平远远不够，广深有很多城中村，香港也有很多低档住房和其他物业，未来港深穗的低端空间一定会面临全面改造。大湾区11城市政府会强化责任解决房价高企，因此保障房建设会大力推进。大湾区也会积极解决人口、产业高密度引发的环境质量下降的问题，大湾区11城的紧密融合发展，将使宜居宜业宜游成为现实。可以想象，在这样的发展格局下，世界级的优质生活圈，将在大湾区框架下完美浮现出来。从房地产业角度看，我们认为机会在于高品质人居、优美环境、优质生活方式，房地产一定能在其中找到很多机会。

二、大湾区背景下房地产投资开发面临的困局

(一) 如何面对地位滑落和遭受诸多牵制的房地产格局

《粤港澳大湾区发展规划纲要》没有出现"房地产"字眼，不意

味着与房地产无关,反而,未来其发展离不开房地产市场。从目前政策导向看,一直有调控,我们不能过分强调房地产,目前房地产全行业运行不断受到制约,整体地位出现明显滑落,包括一些房企宣布退出。房地产业面临着内外部的改变,不改变就可能面临淘汰。我认为,房地产仍然重要,但将面对非常严重的不确定性。

(二) 如何实现投资自由度和均衡性

看过去20年大湾区房地产业的发展,其自由度和均衡性有很大问题。例如,未来大湾区房地产要素的流动仍然困难。大湾区整合了,但深圳、广州的房地产企业还不能便捷地进入香港。过去40年来,大量香港房企北上,然而未来内地房企赴港难度仍然很大,说实话我还不是特别看好这个前景。过去大湾区11城房地产发展从投资到房价,都呈现严重的不均衡。香港平均房价10万~20万元/平方米,深圳、广州房价也非常高企,分别是5万元/平方米和3万元/平方米,但其他城市几千元一平方米都有。深圳房价最高20多万元一平方米,最低则3万元一平方米都不到。有差别正常,但差别太大就不正常,不均衡带给了房地产业巨大的压力。从房地产投资格局看,大量房企囤积在香港、深圳、广州等中心城市,这导致核心城市竞争非常激烈,房价和开发成本越来越高。大湾区边缘城市的投资力度相对偏弱,这样的不均衡如何做到适度差异,又不过度均衡,是大湾区的弊端,需要下很大功夫来解决不均衡问题。

(三) 如何做一个懂产业的地产商

20多年来,开发商一门心思拿地卖楼,并培育了一批超级房企。未来必然以高端产业为主导,房企要适应这个形式。将来开发商即便不做产业,也要懂得产业,不然就做不出符合产业需要的平台。不少房企已经在转型升级进军产业,在未来大湾区建设的过程中,房企如果不改变就必然要失败,因此要做好充分准备走向产业,做懂产业的地产商。

（四）房企如何应对长短效机制的夹击

大湾区特别是深圳、广州、香港目前地价处于高位，大湾区不可能采取雄安新区政府管控的模式。从市场看，大湾区未来仍有很大的房价上涨空间，要有充分心理准备，房价还是要往上走；从政策看，这就要伴随着长短效机制结合的调控模式，房企在长短效政策背景下生存，希望长效机制能挤出短效机制的想法并不现实，要有充分的准备。

（五）如何避免被法治征信社会所淘汰

过去几十年盲目开发、不讲法治、不讲诚信的时代过去了，大湾区未来发展的重要标志是法治、征信时代的建立。内地房地产领域要从既往的旧模式中突围出来，充分认识到这是关乎制度、文化的深刻转型，是服务的制度化转型，要全力完成转型升级，以避免在未来发展中被法治、征信社会的要求所淘汰，这是非常明确的第五个困局。

三、大湾区房地产开发投资的六大策略

（一）从大湾区纲要中找重要字眼

"湾区""中心""极点"这三个词极其重要。这是"湾区中心导向、极点顺位布局的概念"，放眼大湾区应该说商机无限，房企特别是本土房企，要积极加强在大湾区的投资力度。我最近接触了一些开发商，他们已经从内地撤资，将有限资金集中投入大湾区，这是对的，毕竟大湾区的机会越来越多。我们看到纲要中谈到四大中心城市，港澳广深无疑是房地产开发投资的核心定位导向。四大中心城市中，港澳刚才说到较难进入，因此，我们将更多关注广深概念。我们看到一个重要提法叫"极点"，三大极点包括港深、广佛、澳珠，还有其他非极点城市。先选择港深、广佛、澳珠，再选择其他非极点城市，一定是这样的模式决定着投资价值。如果从中心的层次角度讲，

港澳难进入,那么北边广州面积近 8000 平方千米,哪里最合适呢?南沙可能是个很好的选择。中部的深圳,特别是前海是核心部分,建议高度关注。大湾区价值制高点在港深极点,其 GDP 4.8 万亿元、广佛 GDP 3.2 万亿元、澳珠 GDP 0.6 万亿元,所以他们的分量是不一样的。

(二) 以港深极点为核心来选择

港深极点会辐射形成港深莞惠都市圈,我认为这是未来大湾区的核心地带。广佛片区也很重要,但相比之下,其国际化程度、市场化程度、产业规模和结构不及港深莞惠。惠州、东莞,以及未来中山、珠海等周边城市都存在投资联动的较强效应,开发商可重点关注这些城市。所以,第二个策略就是"中轴线战略站位、东西轴策略挺进"。大湾区房地产开发可以采用简单的"三轴线模式",首先抓住港深莞惠的超级机会,这四个城市占大湾区人口、产业、资金总量的 70% 以上,因此投资一定要往人口、资金密度集中的地方布局。中轴线的核心地带就是深圳的大空港、前海地带。此外,东莞滨海湾新区、广州南沙也都是可以高度关注的中轴线核心地带。

西轴线和东轴线方面,西轴线包括澳门、珠海、中山、佛山、江门、肇庆。上述城市分两个层级,第一级包括澳门、珠海、中山、佛山,可按不同产业层级分别关注。第二级是江门、肇庆,两者面积大,地广人稀,未来可投资长远,短期投资不会超过前面几个城市。现在有个罕见的现象,东轴线目前就一个城市即惠州,我个人认为将来东轴线要补课,办法就是延伸到汕尾的西部,就是深汕特别合作区,未来一定会被看作大湾区的一部分,大家要关注。万丽湖部分也要关注。

(三) 革命性的大交通节点,超越式的大成长机会

未来若干年,粤港澳大湾区大交通体系将发生巨大的革命性变化,多条高铁、密集城际轨交、三大航空枢纽、七大机场,特别是多

条跨海超级大通道,将改变湾区的大交通形势。大湾区交通门户的中心将从南边形成密集的集结地带。前海、宝安大空港将成为大湾区中央地带最大的交通枢纽地,伴随着大交通的革命性大变化,大湾区房地产开发投资必将按照该模式紧紧跟随,可见大湾区投资重点是中轴线,节点是深圳的大空港、大前海地带,当地有超过 100 平方千米的空间是大湾区绝佳的投资宝地。

(四)科技创新引领、产业地产争锋

大湾区未来在全球湾区中的价值点在于科技创新,深圳的科技实力、香港的科研基础,以及广佛莞基础制造力是影响世界的。在科技创新方面,投资将以数万亿的数量去打造世界级科技大湾区,与之相关的产业地产必将大幅跟进投资,并实施转型升级。地产界必须清晰了解大湾区科技创新的大格局,积极投身于产业地产,要以地产巩固基础,以高端科技创新产业为核心,创造全新的地产业态,未来房企主营业务要大幅提升科技内涵。

(五)大城中心要更新,灵巧地以增量博存量

大湾区作为全国发展最早、最快的地区,城市更新压力也最大,广深已经开始进行旧城改造工作,特别是土地匮乏的深圳。未来城市升级将有更多转型城市更新类别的内涵式发展,高成本必然通过提高容积率,以增量博存量来获取未来的巨大收益。房企特别是本土房企,要尽量争取机会参与本地城市更新,我知道,过去 10 年很多房企参与过,但不是特别顺利,现在大湾区政策来了,大家要有信心,因为在大湾区中心城市参与更新会有很多非常好的机会。

(六)商保并举、策略为上、政企融通、前路宽广

大湾区纲要提出宜居目标,这是"房住不炒"的引申。近年来大湾区的城市住房制度出现了重大改变,各地政府在大力推进保障房建设,房企要更新观念,合理参与保障房建设。保障房建设任务重、收益低、责任大,很多房企不愿意介入,但这是国家战略,参与投资

有很多综合价值。政府会依据介入保障房建设的程度，认定房企在社会公共领域中的责任并给予相应回报。房企要积极参与本地保障房建设，树立其良好品牌，这应该成为既定的方针。

四、大湾区房地产消费投资的五大策略

（一）投机炒房过时了，杜绝盲目加杠杆

投机炒房时代已经过去，房地产可以投资，但要避免炒作和盲目加杠杆。2015年房价暴涨一年涨一倍的格局一去不复返，大家不要有侥幸心理，除一系列调控政策外，房地产税也在加速立法进程，这会对房地产市场的稳定起到平衡作用。我们的总体目标是让房地产回归居住属性，调控房价不仅是政府的责任，也是买房人自己的责任，这是方向性认识问题。

（二）地段、环境很重要

作为中长期的消费投资选择，我们看好大湾区楼市发展，宜居是其核心价值。有配套、有环境就是宜居的，另外也要考虑房地产的中长期投资价值，核心是地段选择，而最佳地段是中轴线。作为中心城市的广深长期会看好，大家要坚定信心。城市群时代来了，这说明以大核心城市向外辐射的中小型城市都有机会。邻近深圳的地带，有明显的快速增长潜力。佛山、珠海等大湾区非中心城市的核心地带也有良好的成长性。投资者也可以依据自身实际条件、地段、诉求选择最合适的房子。

（三）跟着地铁走，会有好机会

大湾区正在构建强有力的联通11个城市的轨道交通体系，该体系未来会非常发达，世界级超级城市群在正形成。各城市居民在购房空间、区域选择上更自由。消费者依据月供能力、地铁站点去选择，跟地铁走是核心，在地铁开建时选择站点附近的住房是明智选择，未

来的价值通常会有一定的上升。

(四)市内市外是巧选择,买房居住是硬道理

很多住房刚需者打电话问我"应该到哪儿买房"?这个问题没有统一答案,要按照自身条件选择。总而言之,买房选择的前提是"交通一定便捷、地铁一定到位",不愿意奔波可以选择小的房子或二手房在市区,大湾区发展非常快,无论市区内外一定要搭上住房的快车。

(五)坚决不买违建房,坚决不做抬轿手

大湾区各城市都有不同程度的违建问题,如深圳的那些违建房,处理起来非常不易。违建房最大的特点是便宜,最大的坏处是有严重法律风险。有些人贪便宜买入,并希望在城市更新中获得可观的赔偿款,这是很困难的事情。各城市对违建房的查处越来越严厉,盲目买入违法建筑将面临巨大的法律风险。大家要寻找合法的房子买,不要去沾染违法建筑,是我们最好的选择。

最后我通过一句话来结束今天的分享:我们一定要抓住大湾区建设的机会,做好房地产投资,相信大家有实力会抓住这个机会的。

互动交流环节:

问:请问如何把握大湾区房产投资机遇,如何规避风险?

答:房地产上半场走完了,现在进入下半场。大湾区与其他片区不一样,雄安新区、自由贸易港等房地产管控非常严格,完全进入了新的模式。大湾区会按照以往模式,但大湾区房地产一定会在现有机制下,推进其未来发展,这预示未来整个开发应是在顺应港澳模式的基础上良性对接,一定以市场化为导向。市场化导向中,像深圳、广州等大的中心城市仍有巨大潜力,人口和资金会向其集中。如果在深圳投资,应该投哪里呢?要具体看,首先要关注中轴靠近西岸。未来在板块中会有非常多相关商务产业、高端消费产业,包括大量住房会通过城市更新推出。这方面我认为难以估计未来整个房地产增长和房

价会达到什么程度，只能说量非常可观。发展是相对均衡的，大量投资、长短效机制管控的平衡结果就是房地产价格，这个大家要有充分心理准备。风险方面，一定要深刻理解下半程房地产制度、诚信体制建设对操控投资行为的影响，只要不去做违法违规的投资，同时投资区位选择正确，就不会有大的问题。

问：最近大湾区有些城市推出社保、公积金互认等政策，打破了城市的界限。加上近期国家放开对城市户籍的限制，人口流动更加自由。这些政策会对大湾区楼市产生什么影响？人口是否会继续涌向广州、深圳等中心城市？对湾区非中心城市来说有哪些机遇？

答：这是大趋势，今天的时代就是从城市时代进入城市群时代。城市群时代的购房行动要发生根本变化。未来大湾区大流通、大互动、市场化导向决定了未来资金、消费、产业、人口仍将按城市化发展的大方向，继续向大城市集中。偏高端人口也会继续集中，非中心城市通过与大城市差异化的发展模式，利用优势资源、优势要素整合，专业化发展，其房价虽然未必能和中心城市相比，但居住的舒适度、环境会很好。房价高不一定就好，而是要看增值状况，如果非中心城市物业的增值幅度超过了广深，我认为就是胜利。

问：房地产税未来可能对大湾区房地产市场有怎样的影响？

答：房地产税是税制变化，未来肯定会推出，但应该不会太急，3年内不会有，因为要经过人大审议，还有理论上、制度上的问题没有处理清楚。真正推出后的影响，是完善国家税制、解决收入分配不均衡问题，顺带着可能也会对房地产价格有所遏制，但对房地产市场而言，关联度不是很大。一旦推出市场会有小波动，但估计很快会过去，这方面不需要考虑太多。

问：有报道称，单身女性买房增速首超男性，您怎么看待该现象的成因？之后单身女性购房比例会超过男性吗？在大湾区，该现象明显吗？

答：此现象在深圳、广州等大城市可能比较突出。经济快速成长的城市对年轻一代的婚姻有很大压力，可能会产生婚姻不稳定性，求偶过程中的波动性较大。但这些年轻单身女性恰好是创业的年纪，不会因为找不到配偶就坐等，她们也在大城市独立奋斗，一边奋斗一边找配偶。不过从长远看，相对"男强女弱"的格局还没有改变，所以单身女性购房比例超过男性的现象估计还不会发生。

问：您刚才说到一些房产企业已开始从内地撤资，集中投向大湾区。除房产企业直接投资外，其他内地企业在大湾区房地产升级大潮中还有哪些机会？怎样搭上这班快车？

答：该现象在未来几年中会频繁发生，不同企业在大湾区的投资诉求并不一样。本地企业各方面关系都比较熟悉，更多的是从利润角度考虑；外地企业以战略投资为考虑，第一项目可能不挣钱，但在大湾区一定要有位置。

问：买房出租机会如何？

答：国家这两年在租赁市场发展方面给了很多政策支持，也吸引了机构和有实力的个人在二手房和新房市场大量淘房，从而形成了这样一个产业链——改装后用于出租，这可能是个趋势。但从2018年到今年的发展情况看，无论政策面，还是产业面，租赁市场并不成熟，也出现了一些问题。未来是个大方向，也有机会和利润可言，但不是每个企业或个人都能够有机会或条件进入租赁市场，因为这必须涉及供给和需求两方面。供给能否把控市场机会，去合理提供价格适中、产品品质适中、品牌未来有成长性的受市场欢迎的房子；从市场需求看，需求能否稳定增加，这个需要考虑，大量推出租赁房后，市场可能很快会饱和。总而言之，租赁有前景，但人们不一定能抓住机会。

2019年4月12日

不要误读深圳二次房改方案的
三个管理办法

自 2018 年 6 月 5 日深圳市推出二次房改方案征求意见稿之后，全国各地都给予了高度关注。2019 年 4 月 29 日，在二次房改方案基础上，深圳市住房和建设局、深圳市司法局同时发布 3 份文件，分别是《深圳市公共租赁住房建设和管理办法（征求意见稿）》《深圳市安居型商品房建设和管理办法（征求意见稿）》《深圳市人才住房建设和管理办法（征求意见稿）》（以下统称"管理办法"）。在这 3 份有关三类保障房建设和管理实施性文件的征求意见稿公布后，深圳民众反响热烈，市场在充分肯定管理办法的基本方向和重点措施的同时，也提出了很多建设性的意见。

对于在全国最早推出二次房改方案的深圳来说，一下子确定了 60% 的保障房比例，并且很快推出了关于公租房、安居型商品房、人才房等三类保障房建设的管理办法，效率的确很高，相应地，文件中一定有不少还需要进一步修改和深化的内容，但是，大方向还是要肯定的。然而，我注意到，在管理办法征求意见稿出台后，一部分市民对管理办法提出了一些存在误读倾向的意见。下面我想就一些误读性意见谈一谈我的看法。

误读一：公租房应只面向深圳户籍家庭供应。

这种观点显然是狭隘的。深圳是移民城市，40 年的发展，依靠的是全体 1300 万深圳常住人口的奉献，其中包括具有户籍的 450 万人口以及具有居住证的 850 万人口。总体看，户籍人口的居住情况好于居住证人口，管理办法中的公租房设定是所有保障房源中最低层次的住房，显然是从整体常住人口的视角提出的，不应锁定在住房情况更好一点的户籍人口范围内。当然，考虑到深圳目前的棚改、旧改、工改的难度，公租房的供应不可能跟进得太快，因此，可以实施由户籍人口启动，两三年内过渡到居住证人口的操作流程，而不能人为剥夺居住证人口申请公租房的权利。

误读二：公租房租金不应该与市场租金水平挂钩。

这条意见的表述不够妥当，公租房租金不与市场租金挂钩，难道去和市场商品房价格挂钩吗？其实，所谓"挂钩"，只是在公租房定价上找一个"锚"，参照这个"锚"来确定公租房的合理价位。市场租金肯定是波动的，未来一些年中仍然有上涨的情况，与此相应，公租房租金也会存在一定的波动和上涨，这是一种客观存在，政府保障的是公租房价格明显低于市场租金，而市场影响的是公租房的价格随着市场租金做适度波动，这是合理的锚定设计。

误读三：按照现有申请条件和租金标准长期承租居住。

这是一部分正在轮候或承租公租房的市民提出来的。他们希望租金标准永远不变动，并且一直让他们承租下去。申请条件也不能改变。这种希图"固化"既有利益的想法是不切实际的。其实，这条意见是第二条意见的"深化版"，总的思路就是公租房价格不能动，而且要让既有租户长期承租，不能变更。这种观点明显脱离了国家政策以及公租房市场的发展现实，如此操作，必然会造成另外一种不公平。

误读四：安居房不缴或少缴增值收益以及无条件继承。

这是已购安居型商品房群体提出来的。这是又一条既有利益"固化"的不合理甚至不合法的意见。安居型商品房本来就是政府大幅度让利后的政策性住房，所让利的部分事实上是纳税人向政府上缴的税收，尽管安居房的产权归购买者所有，但政府规定了一系列的约束条件，比如10年内不得上市转让，政府是以这种方式体现让利的公共权利，这和国内一些城市的共有产权住房有异曲同工之意，因此，涉及房产增值，当然应该体现业主产权和政府让利双重权利，如果业主不缴或少缴增值部分，当初政府又为什么要用纳税人的钱给安居房业主做那么大的让利呢？从某种意义上说，政府提出适当上缴部分增值收益，是对纳税人的一种交代，是政府用来回馈纳税人的一种策略，而增值的大头仍然是留在业主手里的。至于"无条件继承"，这也是试图超越法理权限的想象，是不可能的，希望有这种不合适想法者还是回到法定权利的轨道上来吧。

误读五：安居型商品房申请条件中社保缴费年限太高。

这条意见的提出者显然没有考虑到深圳保障房供需关系的现实。假设公租房的供应完全能够满足现实需要，政府还需要出台那么高的缴费年限政策加以限制吗？供不应求是现实状况，深圳真的太缺土地了，棚改旧改太难了，我真的期待深圳在工改项目上腾挪出更多的土地来建更多的保障房，那时候可能社保缴费年限会降下来，甚至取消都说不定呢，不知道提这条意见的市民能不能等到那一天，但无论如何，眼下设定较高一点的缴费年限也是符合当下实际的办法。

误读六：无须设定安居型商品房收入财产限额标准。

如果这一条也成立，那是不是说，亿万富翁也可以申请呢？提这条意见的人，其收入水平一定不算太低吧，一定是担心较高的收入会阻拦他申请安居型商品房的资格。假如他的真实收入和财产很低，他也不会担心不符合标准了。

误读七：难以精准高效地实施收入财产核查和认定。

放在10年、20年前，这种情况是完全可能的，但今天的社会条件已经发生重大变化，比如，大数据、云计算等科技手段已经大大提高了收入财产数据采集的能力。同时，国家的法治环境和诚信体制建设也比以前有明显提升，所以提这条意见的市民也不必担心政府查不到申请人的真实收入情况。

管理办法征求意见稿的公布给广大市民提供了更多的住房选择空间，但的确也是给一些深圳市民带来了选择的压力，导致他们对管理办法产生了一定程度的抵触和误读。这部分市民所提出的上述不恰当意见固然有不合理甚至不合法的情况，但也是真实反映了深圳保障房供应以及相关联的土地供应的严重短缺现象。解决这些问题的根本办法还是强化供给侧改革，应该从最容易突破的"工改"项目上大做文章，让更多的"工改"项目能够与保障房建设大范围对接，让更多的市民能够方便地获得居住保障房的机会，让政府能够借助"工改"项目在保障房供应上有效减轻压力。

2019年5月25日

大湾区时代的产业地产发展趋势

一、推动大湾区产业地产发展应从理解经济新格局起步

粤港澳大湾区时代，顺应全球化产业升级发展的大方向，产业地产将充满机遇，而成功推动大湾区产业地产的发展，需从大湾区正在构建的经济新格局起步。我们可以从以下六点来领会大湾区经济新格局。

（一）以互联互通为基础的世界级城市群效应将得到强力发挥

什么是粤港澳大湾区？它不等于其中的11个城市的单体集合，而是高密度相融，这种大融合、大整合的力度将非常大，其所产生的效果将不可估量。例如，目前大湾区整体的年GDP达到10多万亿元，如果实施了大湾区的大融合式发展，则完全有可能在不太长的时间内把这个量飙升到20万亿元以上。这就是大湾区互联互通的基本价值。

互联互通还有就是大湾区的大交通体系建设。大湾区现有7个机场，其中香港国际机场、广州白云机场和深圳宝安机场都是大型国际机场，年旅客吞吐量为2亿多人次，未来将超过3亿人次。大湾区珠江入海口两岸未来将有多条桥隧相连，将从根本上解决两岸交通不畅的问题。大湾区在未来将形成航空、海港、高铁、高速、地铁、隧桥等大型交通密集的超级网络，形成高品质的互联互通格局，为大湾区的融合发展创造卓越的大交通门户地位。

（二）有效巩固和持续扩大市场化发展模式的特殊优势

大湾区与国内其他地区相比，其中的一个特别的优势就是高度的市场化。大湾区各城市在以往的发展中更多的是依赖市场解决问题。这种优势成就了大湾区既有的辉煌和实力，未来，大湾区各市将有效巩固和持续扩大市场化发展的基本模式，这是大湾区长盛不衰的内在原因。

（三）顺应国际产业竞争态势，加快建设全球高能创新产业链

大湾区的核心目标是打造科技湾区，以适应日益加剧的国际竞争。目前在大湾区，深圳的科技研发能力是最优秀的，广州包括科技制造在内的制造能力是最强大的，而香港的科技基础研究能力又是最突出的。大湾区完全可以在已经提出的广深港澳科技创新走廊基础上，顺应国际产业竞争态势，加快建设全球高能创新产业链，并把大湾区整体推上全球科技创新最强湾区之位。

（四）以自贸港区集群为引领，全面深度提升服务业国际地位

目前，大湾区正在实施产业的战略升级，国际高端服务业正在成为大湾区的核心产业集群。大湾区的广东部分有三个自贸片区：深圳前海蛇口、广州南沙、珠海横琴。加上港澳这两大自贸港城市，使得大湾区的国际贸易自由化程度达到了国内最高水平，这十分有利于巩固和提升大湾区在国际上的服务业地位。

（五）充分利用高度国际化优势为"一带一路"建设提供最优平台

"一带一路"倡议是国家为了应对日益开放的国际贸易投资合作而针对性地制定的一项中国拓展全球化的长远战略，而大湾区则是国内推进"一带一路"建设的关键点，大湾区的最大优势就是拥有

港澳这两大国际化平台，可以引领大湾区加快推进"一带一路"内涵下的全球化发展。

（六）建设"三生"（生态、生产、生活）一体化的优质生活圈

大湾区规划纲要特别提到了要建设优质生活圈，如何才能做到这一点？那就是实现"三生"（生态、生产、生活）的一体化。

二、大湾区时代产业地产发展的十二大趋势

（一）产业商与地产商高密度双向融合发展

大湾区的产业结构和房地产发展在全国都是领先的，然而多年来，产业和地产的融合度并不高，即便是高端产业运营商，也大都没有自己操作产业地产平台，而房地产商更是不介入产业经济圈。有些产业商的确有开发房地产业务的情况，但通常和自身的主营业务没有太多关系，其房地产业务主要是从财务利润角度考虑的。

未来的大湾区，由于面临产业转型升级和房地产调控的双重压力，使得产业商与地产商实施高密度双向融合发展的态势越来越明显。产业商在重大业务投资落地起步时，就需要与大型地产商协作，确保产业的稳健落地推进；地产商则更需要在投资项目时，寻找到合适的产业商，把好的产业项目导入所要投资的土地上，从而避免政策的排斥和挤压。更好的趋势是，产业和地产两大业务的完全整合，由一个投资者完成。这种趋势在许多大型地产企业里都在发生。例如，华侨城集团就是文旅产业与房地产业务长期融合发展的优秀企业。

（二）大湾区城际土地资源及产业资源高效融合发展

大湾区战略启动后的一个重要表现是，区内各个城市之间的行政藩篱可能会在大湾区框架下被合理打破，城际土地资源及产业资源将逐步实现跨城整合、资源共享，从而创造高效能和高效益的产业地产

发展空间。这种情况将会率先在广东九市之间推进。

土地及产业资源的融合式发展，取决于市场化的产业和企业诉求，凡是有利于区域资源整合、高效利用的重大项目，都会打破城际限制，实施跨城整合或城际共享。包括实体经济、科技创新、现代金融、乡村振兴、人力资源协同等方面的融合发展，都将在跨城性的区域互动中得以实现。

港澳与内地由于传统的边界限制，实施土地及产业的跨域融合发展，难度较大。但目前已经开始进行此类尝试，比如深港之间的河套地区，土地产权归深圳所有，而管理权归香港。目前两地已经在积极推进深港科技创新园区建设，一旦成功，将大大有助于香港与大湾区其他城市间的跨域融合性合作。

（三）大湾区建设世界级科技创新平台促进产业地产大幅升级

大湾区的核心战略是建设世界级科技创新湾区。这意味着未来产业地产的发展重心就是为全球高科技企业和产业提供最佳成长空间和发展平台。而全球顶级高科技创新型产业的成片落地必将大力提升大湾区的产业业态，并推动产业地产形成大幅升级的基本态势。

（四）地产商借助大湾区产业升级转型为产业地产商或综合服务商

中国现有9万多家房地产商，而全球其他国家的房地产商总和都没有这么多。在市场变化及房地产调控的压力下，许多地产商都谋求改换门庭，纷纷寻找新的出路。在大湾区，不少地产商借助大湾区提供的机遇，实施转型升级，变身为产业地产商或综合服务商，其模式主要有：一是直接并购或入股较成熟的项目；二是通过获得特色小镇项目的开发权，在做产业地产的同时获得大量的商住用地；三是跟一些产业的实体进行合作，捆绑拿地。

（五）产业商借助大湾区空间有机重整，实现产业高效再布局

从另外一个层面看，在大湾区战略的促进下，大量的产业商也试图改变过去那种对地产领域完全隔离的态度，希望借助大湾区空间开放的机遇，有机重整产业布局，实现产业高能高效式发展。

最经典的案例就是华为把手机终端业务从深圳坂田整体搬迁到东莞松山湖。华为在松山湖直接以高科技产业名义拿地，接着做出了欧洲小镇式的办公生活区整体策划和规划，建成后成为国内高科技企业新型产业园区发展的一个样板。

（六）推动大湾区产业供给和消费需求同步升级

既往40年，大湾区的产业发展由"三来一补"的初级模式升级为自住创业型产业创新模式，目前已经出现一大批自己的世界500强企业。与此同时，大湾区的经济增长模式也由通过投资和贸易拉动，开始向通过消费拉动转型升级。相比之下，目前的产业供给能量还是比消费需求能量对经济增长的贡献更大。

未来在大湾区战略引导下，大湾区的产业地产整合式发展将有效推进产业供给和消费需求的同步升级，一大批产业地产的重量级项目一方面会成为中国国家战略型新型产业的集大成地，另一方面也会成为国内高端消费的集大成地。

（七）通过产业地产融合实验推动大湾区产业链高端集群化发展

大湾区融合发展背景下的产业地产拓展还将引发产业链的高端化和集群化。在这样的产业地产空间内，将在国家战略新兴产业、先进制造业、现代服务产业以及传统产业的优化升级等领域形成产业聚焦、企业聚集、金融支持、人才保障、创业驱动、创新策源、市场扶持、技术平台、服务外包等一系列相关领域的高端化和集群化，形成鲜明的国内外竞争优势。

（八）借助"一带一路"渠道实施国际开放式产能扩张

"一带一路"作为中国面对全球化而特别制定的国际合作创新模式，已经在中国与"一带一路"沿线国家间经贸合作中扮演了重要的作用。作为"一带一路"倡议的南方关键点，大湾区在"一带一路"国际经贸拓展中有着一系列的重大机会。未来大湾区的产业地产项目将以开放型的核心基地模式融入"一带一路"倡议渠道中去，从而为聚焦国际需求、实施国际开放式产能扩张奠定坚实的基础。

（九）以"三效"为实验宗旨对大湾区各类产业空间实施战略重组

过去在大湾区的各个城市，都推出过众多的产业园、科技园、科技城、研发中心、实验基地等。这些产业空间目前有不少运营效率和效益不高，还有一些处在严重困局中，也有一些已经倒闭。

未来在大湾区战略指导下，将以"三效"（效率、效能、效益）为实验宗旨，对这些产业地产空间实施必要的战略重组，将其改造成各类创客小镇、创业园、特色产业小镇、智慧谷、自贸区、国家级新区、产业新城、特色高端产业经济带等。

（十）通过产城一体化运作推进大湾区城市群优化发展

产业地产空间是未来大湾区城际实施产城一体化发展的基础空间，大湾区要建设世界第一湾区，离不开国际水平的产城一体化整合，当然也离不开作为产城一体化基石的产业地产空间。以众多高品质的产业地产项目做基础，大湾区可以顺利地在城际实施广域的产城一体化，据此推进大湾区城市群的优化发展。

（十一）大湾区产业地产通过融入智慧城市建设实现高速发展

智慧城市是当前全球城市发展的大趋势，它是利用大数据、云计算、物联网、人工智能等先进的信息技术，感测、分析、整合城市运行核心系统的各项关键信息，从而对包括民生、环保、公共安全、城市服务、工商业活动在内的各种需求做出智能响应，实现城市智慧式管理和运行，进而为城市中的人创造更美好的生活，促进城市的和谐发展和可持续成长。

大湾区产业地产项目将会同智慧城市发展的步伐，率先将项目发展为智慧园区，并通过城市内部和城际互联互通，融入智慧城市建设大系统内，实现项目的智慧型高速发展。

（十二）产业地产项目通过高端产地融合发展创造更多的国家核心产业基地

大湾区未来的核心竞争力首先还是表现为以科技创新为主导的高端产业的竞争力。这些高端产业需要合理落地在大湾区众多的产业地产项目空间中，通过高端产地融合发展的模式，为大湾区创造一系列最具国际竞争力的国家级核心产业基地，成为中国迈向创新型国家、实现经济和产业跨越式升级的中流砥柱。

2019 年 8 月 5 日

当前中国房地产的政策、市场和产业走势

一、房地产政策：经济形势已经迫使房地产调控进入最严阶段

7月31日，中央政治局会议提出最新的房地产市场管控思路，中央新政的核心是管控好房地产市场。管控楼市的核心目标用了8个字表述：坚决遏制房价上涨。这种严厉的表述过去从来没有过，必将成为未来一段时间内的楼市基本方针和市场风向标。

中央会议还提出了房地产发展的合理引导预期，显然近期市场上存在恐慌性预期，不利于楼市稳定。中央强调因城施策，不搞"一刀切"式的调控，这预示着全国楼市将深度分化。

会议也提出要整顿房地产市场秩序，会加大管控和惩罚力度。投机者不能心存侥幸，必须约束自己的行为，否则后果会非常严重。

会议强调以长效机制平稳健康推进楼市供需关系长期均衡发展。长效机制这几年一直在提及，也在实际推进，比如，这几年来的一些如限购、限贷等应急性的政策，在实际执行中已经产生良好效果，市场已经平稳接受了，很可能被纳入长效机制部分；再如，财政政策和货币政策的积极干预，存款准备金和贷款利息的升降；又如，土地市场的合理供应；还如，市场高度关注的房地产税的出台；等等。期待长效机制尽可能以体系化、制度化的形式尽快形成，因城施策地对各地、各类房地产产业和市场产生针对性较强的、积极的、规范化的和保护性的影响。

二、房地产市场：预期对立，客观表现加速分化

面对中央会议对房地产形势的宏观判断及相关政策的提出，中国房地产及楼市市场上出现了针对预期的明显的对立分析，大致分为以下三种类型：

第一，看空派。其认为中美贸易由顺差转为逆差，美元之锚失灵，流动性大幅下降会引发楼市下行。

第二，看稳派。其认为中央新政其立意非常明确，楼市房价既不会上涨，也不会明显下跌。

第三，看多派。其认为某些情况是管不住的，必然有相当部分的流动性会进入楼市，导致事实上房价的上涨。

我的观点是：①政策严控之下，楼市房价将加速分化，多地城市将呈现窄幅波动的相对平稳格局，但少数城市存在一定幅度的涨跌互现的情况；②从中央政策导向看，房价不能涨其实是一种策略，而房价不能跌特别是严防暴跌恰恰是目前特殊时期的一种战略。为什么？因为中国房地产中囤积了以往将近20年来积累的大约400万亿的国民和国家财富，如果让美国的贸易政策干预过来，直接把楼市的房价拉下来，将造成中国国民财富的巨量损失和中国经济的严重下滑，并进而导致系统性金融危机的发生，这种严重局面决不能发生，必将通过政策管控维持房地产的稳定。

三、房地产业：去地产化和深度地产化同时发生

目前中国的房地产业，"去地产化"成为一种时尚性的态势。一些大型房企纷纷表示脱离房地产、放弃房地产。事实上，这是针对打压房地产的政策导向而产生的企业顺势性的策略和行为。我认为，中国房地产还在城镇化的半坡上，扬言去地产化的房企不可能真正放弃

房地产，"去地产化"实质上是希望去除单一的重资产模式，去除单一的住宅产业方向。房地产业界正在大规模改造业态，导入轻资产模式，积极拓展多元化经营。可以预见，那些大型房企的"去地产化"的举动，最后的结果恰恰没有真正去除房地产，而是把房地产业务深化了，并且会和政府期待的若干领域业务结合起来，形成更加广泛的产业链和供应链，形成让政府更加愿意扶持的泛房地产发展方向。

四、未来几年中国房地产的大致走向

未来几年，中国房地产业界将日益紧跟和严格执行中央不断推出的、日益完善的宏观政策，主要目的就是保持房地产业的平稳健康发展态势。各地将纷纷出台严控房价上涨的实施细则，特别是针对二手房的实施细则。未来几年将有效削减楼市加杠杆现象，严厉打击投机行为，严控楼市的金融领域风险。未来几年，商保并举、租购并举、多主体供给、多渠道保障将成为供给侧改革的主攻方向，并将继续推进房地产税的试点改革。总之，未来几年的中国房地产和楼市将朝着更加稳定的方向发展，朝着对冲中美贸易战风险的方向发展。

2019 年 8 月 6 日

深圳需要"有温度"的写字楼

近两年来,深圳的写字楼市场借助粤港澳大湾区和深圳建设中国特色社会主义先行示范区的强大政策东风,借助城市更新的趋势,进入爆发式增长阶段,供应量大幅增加,中央商务概念遍地通行。然而,受中美贸易摩擦等因素影响,弃租、弃购现象也有所增加,导致写字楼空置率相对有一些攀升。面对这些"高大上"、冷冰冰的写字楼,市场已经在做反省和创想:为什么不能把写字楼这种商务产品做得更加温情化?让温度化解写字楼的清冷?深圳需要"有温度"的写字楼。

一、先行示范:深圳写字楼市场进入"温度标杆"新时代

2019年8月18日,《中共中央 国务院关于支持深圳建设中国特色社会主义先行示范区的意见》隆重发布,这是深圳改革开放40年来得到的强有力的一次政策扶持,这是大湾区规划纲要出台后对深圳作为大湾区核心城市地位的明确界定,这对深圳未来的政治、经济、文化、社会发展具有难以估量的深刻影响力。在先行示范区背景下,深圳的价值投资潜力将得到极大的发挥,深圳将在未来30年分三步走,全力建设全球标杆城市。

全球标杆城市的核心影响力在于:高质量发展高地。其内涵主要包括:具有全球影响力的科技创新体系、金融体系、高端产业体系和开放包容度,以上集大成的概念是:必须具备一个足以影响世界的顶级商务产业链。

多年来,深圳的高端商务产业链迅猛发展,深圳的科技创新及其产业链已经纵深100多平方千米。深圳已是中国金融第三城,金融产

业链全国最强,前海、福田中心区、香蜜湖、罗湖红岭路等金融中心相继崛起。华为、中兴、腾讯等信息产业链非常强大。深圳去年已进入国际权威机构评选的国际一线城市行列,深圳的国际形象、实力和影响力已经开始显现。

伴随高端商务产业链的成长,深圳高档写字楼市场也在快速发展。然而,我们注意到一个特别的现象,深圳写字楼市场正在分化为两大类型:一个是传统严肃型,另一个是时尚温度型,前者体现了写字楼市场固有的纯商务、严谨、业态强弱分明格局,后者体现了写字楼市场温情适度、业态共享、可持续生长的格局。前者虽仍然在顽强地唱主角,但后者却破茧而出、时尚前行。可以说,深圳写字楼市场正在进入倡导"温度标杆"的新时代。

其实,早在20世纪80年代末,美国就兴起了"新都市主义",反对郊区卧城式发展,强调居住与工作、购物、休闲等的融合。从主城商务空间看,也是提倡导入更多人性化的人居、消费。到了21世纪初,由英国发起"城市复兴"运动明确提出让城市成为"有故事的建筑空间",这是进一步强化城市主体空间的人文价值和人性化的取向。深圳楼市目前出现的"有温度"的写字楼便体现了这种趋势。

二、八面来风:一座"有温度"的写字楼是如何孵化出来的?

"有温度"的写字楼可以说是商务建筑产品的一次深度变革,它的诞生有着深刻的背景和条件,下面我将从八个方面做出阐述。

(一)位居产城交融繁华地带,大概率不在中央商务区

在城市的中央商务区,写字楼占据着最大比例和核心地位,常常由一批高端写字楼组成相对密集的商务空间。在这种格局下,写字楼通常显得威严、挺拔、冷峻、高傲。这类写字楼的价格通常比较高,买主或租客大多是有实力的企业。"有温度"的写字楼在这里产生的

概率不高，而在产城交融繁华的地方才可能大概率发生。因为这类地方的城市功能融合度相对较高，人本底蕴更鲜明，这里的写字楼很容易顺应片区融合发展的实际，推出更加符合各类功能融合诉求的写字楼模式，这种降低写字楼的本底模式、顺应区域融合发展需要的写字楼很容易成为"有温度"的写字楼。

（二）居于主干交通发达的闹市，地铁优势突出

"有温度"的写字楼离不开城市的繁华，需要有一个闹市氛围，同时，闹市的优势就是城市交通发达，甚至是位于主干交通网的核心地带，这意味着一般都要配套有地铁线路。便捷的交通网和热闹的商业空间会使写字楼充满都市人文气氛。

（三）周边为中高端社区，白领阶层为主体

与"有温度"的写字楼相伴随的还应当有若干中高端社区，这里的居民以白领阶层为主体。因为这些白领可能成为周边写字楼的业主或常年租客，对他们来讲，一出家门就能进入写字楼办公，连车都不需要用，这是很时尚的办公行为。能为周边的白领直接提供购楼或租楼服务，这也体现了此类写字楼的人性关怀。

（四）邻近片区商业、教育、医疗、文娱优质配套

与一般的中央商务区不同，这些有温度的写字楼所在的城市地带通常都有丰富的商业、教育、医疗、文娱等各类配套，使得这一片区具备了相当高的城市综合品质，多元城市功能的配套让这里的写字楼充满人气并且使这里的人们获得城市高品质生活的满足感。

（五）良好的绿化，500米以内至少有一座城市公园

写字楼的"温度"不仅依赖多元城市服务配套带来的便捷性，还依赖城市空间内难能可贵的生态环境，例如，以低碳环保为核心诉求的城市公园。

（六）写字楼所在片区具有浓郁的人文氛围

任何一座城市都有自己的人文历史，有温度的写字楼当然不会忽略这种人文氛围的铺垫。一个片区若有比较有特色的人文价值资源，对提升写字楼的"温度"有着直接的助推作用。

（七）绿色、创意、时尚、舒适、人性化、市场化的办公空间

为了顺应写字楼外部空间形成的人文化、多元化、高品质的氛围，"有温度"的写字楼还需在内部也深度体现浓郁的人文氛围。如何做到让写字楼内部也充满绿色、创意、时尚、舒适、人性化和市场化，还需要进行深入探索。

（八）高水平、多元化、深拓性的物业服务让写字楼生命力长青

写字楼的"温度"不仅是周边环境和内部运作的贡献，还是长期提供专业服务的物业服务公司的贡献。

三、"恒温"价值："有温度"的写字楼如何取胜未来商务市场

写字楼要"有温度"、有责任、有担当，就应该充分重视在未来商务市场上的现实贡献，特别是操作策略。我在此提出六条策略。

（一）品牌策略

"有温度"的写字楼应该成为商务楼市的一道亮丽风景线。我们要有一种新概念：写字楼既是工作空间，又是人生平台。工作或许是严肃的，但人生必须是多彩的。"有温度"的写字楼必然会成为商务楼市中一道亮丽的风景线。

（二）差异化策略

以"温度"为主题与传统写字楼市场形成差异化竞争格局。把温度植入写字楼，改造和淡化写字楼固有的高冷形象，这样的写字楼可以在竞争激烈的写字楼市场上脱颖而出，通过以"温度"带来的差异化取胜。

（三）需求对接策略

研究市场，找准客户，让最期待"温度"的客户满意。一般情况下，那些中小企业对于这类楼宇本身不一定"高大上"但"有温度"的写字楼更期待，因此营销工作要做得非常到位，要深入研究市场需求，尽可能满足买主或租客的各种实际需求。

（四）供给变革策略

顺应市场"温度"需要，不断对写字楼供给模式实施改变。买主或租客对于写字楼的第一印象至关重要。"有温度"必须从客户的第一感觉开始，并且要根据各类客户的独特需要，不断调整和改变供给模式，尽最大努力给客户以温情化的满足感和满意度。

（五）弱市平衡策略

当写字楼市场活力趋弱时，通过以"温度"为主题的独特价值抗衡弱市。写字楼商务市场常常会由于各类原因，导致市场出现萧条或低迷的弱市格局，这种情况下，"温度"型的写字楼就是要通过以"温度"为主题巧妙地抗衡活力偏弱的市场，让"温度"成为写字楼营销的最强"武器"。

（六）可持续策略

以"恒温"价值激活业主及客户对品牌的忠诚度。一个成功的"有温度"的写字楼，它的稳定一定是"恒温态"的，无论是前来购买或租赁的新客户，还是已经成为业主或租客的老客户，无论写字楼处在什么态势下，都要同等体现"温度"价值和温情服务，以形成可持续的成长模式。

最后，我用四句话概括深圳此类"有温度"的写字楼应有的人文生态：创建有高度的示范区，立足有深度的繁华带，发展"有温度"的写字楼，吸引有风度的创业人。

2019 年 9 月 16 日

房贷利率新政出笼，"锚"变之下市场表现亮了

昨天，央行房贷利率新政正式实施，央行原有的基准利率标准正式退出房贷市场，改由贷款市场报价利率（LPR）为基础标准，新发放商业性个人住房贷款利率以最近一个月相应期限的贷款市场报价利率为定价基准加点形成。

自8月25日央行发布关于房贷利率的新政公告，到昨天正式实施新政，在这一个多月时间里，房地产市场上一直议论纷纷，很多人担心新政基于"房住不炒"的国家政策走向，会加重居民住房贷款压力。昨天新政发布后，各地的实际执行利率都出来了，各地市场的表现是：基本稳定，有升有降，微幅波动。可以用一个词来形容：平稳如常。

这说明了什么呢？说明房贷利率新政是完全符合"房住不炒"方针中最重要的市场"三稳"（稳地价、稳房价、稳预期）诉求的，如果一个房贷利率新政一出来就让房价出现明显波动，那这个新政就不能说是成功的。

我认为，房贷利率新政的基础意义在于，房贷利率的"锚"发生了改变，原来一个人贷款买房，各个商业银行是以央行独家规定的基准利率为"锚"，通过上浮或下浮的办法来确定实际房贷利率；新政之下，央行不再设定关于房贷的基准利率，也就是说，央行的房贷之"锚"没有了，这个"锚"的基础权力下放到商业银行层面，由工商银行、农业银行、中国银行、建设银行四大国有银行加上其他部分银行共18家银行按月分别报出贷款利率，最后取平均利率作为新政之"锚"，即LPR。

"锚"变体现了房贷利率市场化的基本趋势，未来的住房贷款真实利率更加贴近市场、更加灵活。有些人以为，LPR就是商业银行单

方面做规定，对购房者不利，这种理解是完全不对的。之所以是"锚"，就有稳定的意义，是战略平衡器，不可能只对银行单方面有利。实际上，这个"锚"是房贷的"供"（商业银行）和"需"（购房者）两方面的现实利益平衡的产物，最终的结果就是"稳字当头"。当市场趋热时，"锚"之利率标准会走高；当市场走弱时，"锚"之利率标准会走低，目的都在于稳定市场。

当新政之"锚"推出后，各个城市会根据本地住房市场的具体情况，以"锚"定的LPR为基础，以本地楼市的基本情况为依据，制定出符合本地楼市现实需要的房贷利率执行标准。"锚"的意义就在于，实际房贷要符合楼市规律，符合楼市真实市场情况，不能跑偏，要把房贷稳定在"锚"定的LPR利率水平之上。

有人说，原来的基准利率下，房贷利率可上浮、可下浮，现在的LPR不行了，只能上浮和加点，所以，以后房贷利率都是走高的格局，对购房贷款者不利。这是没有读懂LPR的表现。LPR作为新政之"锚"，是要按月报价的，也就是说，理论上说，LPR可以每月变化一次。当然，实际上不会每月变化，而是可能在相当长的时间内，都稳定在一个利率水平上，这是稳定现实楼市的客观需要，但这并不意味着LPR永远不变，它会根据市场情况适时上调或下调，当市场行情需要LPR下调的时候，它的实际房贷利率必然跟着下调。这说明新政所谓的"房贷利率不能低于LPR标准"的规定只是一个操作方式，并不是法定提高利率的刚性安排，当然也肯定不是房贷利率不再下调的封杀令，完全不必担心，更不应该去误读。

当然，让房贷和央行基准利率脱钩，显然与控制流动性无序流入楼市有关。从此，楼市贷款与非楼市性的实体经济贷款互不干扰。央行再向非楼市的实体经济投放流动性，由于LPR之"锚"的阻断性，这些定向的流动性流向楼市的难度会明显加大，这样就能通过信贷政策的改变有效保障大量定向资金进入非楼市性的实体经济。从这点看，LPR可以做到避免银行资金对楼市失控式的"大水漫灌"，在体现了LPR强化利率市场化的同时，也包含有鲜明的金融政策导向性。

总的来说，用商业银行提出的LPR替代央行独家规定的基准利率来"锚定"房贷市场，这是"房住不炒"和"稳地价、稳房价、稳预期"方针政策在信贷领域的重大改革措施，符合利率市场化大方向，也符合国家金融稳定战略。从昨天正式实施后的市场表现看，平稳如常，可以说，实现了房贷利率之"锚"由央行政策性操控向商业银行市场化运行的平稳交接、过渡。我们有理由认为，在房贷新"锚"的稳压器作用下，中国楼市的未来会更加有保障地朝着合理、稳定的大方向前行。

2019 年 10 月 9 日

第四章
深圳地产：中国楼市风向标

即将踏入21世纪20年代之际，中国房地产呈现出哪些重要动向？

今天是2019年12月31日，21世纪的10年代即将过去，一直感觉还很遥远的2020年以及21世纪20年代即将到来。中国经济面对国际国内双重压力，艰难而坚定地前行着，房地产作为中国经济中一个体量巨大、民生和金融双重性质并行、始终存在诸多问题的产业，仍然受到国家和市场的双重高度关注。在即将过去的10年代，房地产经历了巨量的资产增值过程，经历了惊心动魄的起伏波动，经历了形形色色的政策调控。在即将进入20年代之际，中国房地产业估计将呈现出哪些重要的发展动向呢？主要有十六个方面。

一、房地产继续担负平衡国家整体经济长期稳定的作用

自2010年以来，中国经济进入由10%的增长率开始的下行通道，2018年的GDP增幅为6.6%。预计2019年为6.2%或6.3%，未来几年的增长幅度仍将在微幅下降的通道里。从内因看，一方面，国民经济已经登上一个较高台阶，增长率下降是必然现象；另一方面，中国经济处在由成本红利向创新红利大转型的艰难过程中，调结构必然会引起增长率适度下滑。从外因看，这两年来，中美贸易摩擦以及相关联的科技摩擦、金融摩擦等对中国经济的负面影响已经显现。预计这种国际经济摩擦将会长期持续。

为了稳定增长，国家在经济领域实施了一系列重要的政策、策略和倡议，包括财税政策、货币政策、产业政策、稳定民营经济策略、推进消费拉动策略、新型城镇化策略、"一带一路"倡议等，这些政策、策略和倡议对于稳定宏观经济起到了非常重大的作用。

在多年来推动国民经济增长的现实力量中,投资拉动显然起了巨大作用,其中房地产投资是重要的组成部分。近年来,随着投资成本的明显上升和投资效益的下滑,投资拉动作用有所下降,但由于房地产所拥有的基本民生消费价值和特有的稳健投资价值,使得其在投资市场上仍然十分活跃,2018年投资总额仍然达到12万亿元,创下了2014年以来的新高。

2019年政府高层会议曾指出,不以房地产作为短期刺激经济的手段。我认为,这个表述与房地产作为中国经济长期稳定发展的重要平衡器的功能完全不存在矛盾。事实上,房地产从来都不是以一种"短期刺激"的行为出现在国家经济增长的通道里的,而是长期在国家经济增长中扮演着重要的平衡作用。进入21世纪20年代后,政府一方面会对房地产中的不良的投资投机行为继续实施严格管控和打击;另一方面会让房地产继续正常发挥其特殊功能,继续起到平衡国家经济的重要作用。

二、"房住不炒"方针催生长效机制,保持房地产稳健发展

2016年年底,中央提出"房住不炒"的房地产基本方针,影响深远。3年来坚持实施以"稳地价、稳房价、稳预期"为核心的调控策略,限购、限贷、限售、限价等一系列调控措施不断出台,同时,放弃过时的"一刀切"调控模式,提出因城施策的更加精准的房地产调控策略。与此同时,积极部署房地产长效机制,落实不动产统一登记和信息全国联网制度,为房地产税出台做各项必要的准备。国土部门积极建立符合市场实际的土地供应制度,以实现供需平衡。在财税货币政策方面,积极推进均衡合理的房地产财政和货币金融政策。住房建设方面的一个重大变化是,各地政府努力担负起保民生的重大责任,大力推进包括共有产权住房、安居型商品房、公租房等在内的保障性住房建设。"房住不炒"方针推出3年来,中国房地产基本实现了平稳发展。

在即将进入21世纪20年代之际，我们看到，未来若干年内中国城市房价仍然有上升空间，在"房住不炒"方针的引导下，短期性调控政策和长效机制将交互发挥作用，遏制房价非理性上升，同时，也会防止房价的大幅下跌，从而保持房地产市场的基本稳定运行，这应该是21世纪20年代中国房地产的主基调。

三、金融流动性对房地产的支撑作用将受到诸多约束

过去20年房地产之所以能够狂飙突进，关键在于金融的强力支撑。中国的广义货币（M2）在外汇占款、投资、房地产等的助推下急速膨胀，余额由2000年的13.24万亿元快速上升到2018年的182.67万亿元。尽管不断有调控政策出台，但房地产价格却越调越高，每次的货币投放由于缺乏管控渠道，一半以上货币都直接、间接进入房地产领域。2016年9月是最高峰，央行投放的流动性90%都流入房地产领域。正是由于这种严重的不正常的信贷流动，中央才在当年年底正式推出"房住不炒"的基本方针。

为了防控房地产引发系统性金融风险，央行加大了对流动性进入房地产领域的管控，银行信贷、房地产信托、房债发行、海外融资等主要融资渠道均受到了严格管控。以利率市场化为依托推出的LPR让信贷制度更加符合市场特征，更加稳健、积极、有效。

进入21世纪20年代后，央行向实体经济的货币投放将逐渐与泡沫性的房地产成分脱离关系，正常正规的房地产投融资将严格依据供求关系实施规范运作，房地产流动性的严控和规范操作将大大有助于合理控制M2的正常增长。然而，鉴于房地产在中国具有的特殊功能，当国家经济形势出现宏观走弱的现象时，产业投资会呈现大幅收缩，这个时候，社会资金会有相当数量转入楼市，以寻求经济增长的平衡，这也是经济规律的一种特殊表现。

四、房地产仍将是中国城市化后半程的基础力量

世界现代化历史证明，城市化是房地产发展的基础动力。1979年，中国城市化水平为20%，是典型的农业国家；到2019年年底，按常住人口计算，中国的城市化水平将达到60%，基本上一年增1个点，这意味着40年来，每年平均有1200万左右的农村人口进入城镇。国际标准的城市化水平为70%~80%，因此，中国仍然有10%~20%的城市化空间，大约2亿人口，如果加上目前已进城的但没有城市户籍的农村人口，总量大约有4亿人将在未来20年内全面完成城市化进程。

近日，国家推出促进劳动力和人才社会性流动体制机制改革的意见，要求全面取消城区常住人口300万以下的城市落户限制，全面放宽城区常住人口300万至500万的大城市落户条件，这是中国城市化进程中极为重要的新政，必将大大加快中国未来的城市化进程。这些城市因人口加快流入，必然推动房地产业的进一步发展。

中国城镇现有各类住房2.7亿套，按每户3口人计算，可住8.1亿人；按60%的城市化率，为8.5亿人。事实上，这些住房很多是小产权房、集体宿舍、棚户等无个人产权的房子。从另一个角度看，另一部分人却拥有三套五套甚至几十套房，而更多人没有住房。即便调控及长效机制能使现有房产实现一定程度的均衡合理配置，但仍然会有很多人没有真正的产权房，保守估计也有3亿人。尽管政策鼓励城市居民采取租赁式居住，但国人拥有自己房子的观念非常顽强。由此可见，房地产仍将是中国城市化后半程的基础力量。当然，新房供应的最高峰已过，已由最高年17亿平方米降为目前的13亿~14亿平方米，未来10年大约每年将维持在10几亿平方米，之后将下降到10亿平方米以下。

五、不同城市间的房地产分化趋势加剧

最近几年来,中国房地产发展中的一个明显现象是,不同城市间房地产分化发展的趋势越来越突出了。总体上看,越大的城市,由于其占有国家各类资源的优势日益凸显,导致人口、资金、产业、信息、政策等经济核心要素不断向其集聚。大城市的综合配套服务功能日益强大,这种情况直接而深刻影响了房地产投资和消费趋势。

城市间的房地产分化发展趋势通常是依据城市的不同线级做差异分析的。目前,国内房地产城市分类通常都是按照城市在国家经济、人口、投资、消费方面的综合实力做出线级划分,包括一线城市、强二线城市、弱二线城市、三线城市、四线城市和五线城市。全国的一线城市有北京、上海、广州、深圳4座,强二线城市大约有10座,弱二线城市大约有20座,其他为三、四、五线城市。

显然,一线及强二线城市在未来的房地产发展中将占有更加有利的地位,这些城市在人口、资金和产业的集聚上将有更加突出的表现,其结果是,这些城市的房价与其他类别城市的房价相比将出现更加明显的分化,价差将持续拉大。这种现象的背后是城市化发展规律在发挥作用,往后20年都将呈现这样的局面。

六、国家土地财政开始逐步让位于税务财政

政府依赖把土地资源转化为土地资本,成功实现了中国经济原始资本的巨量积累,这个过程还没有完结,未来一些年,土地招拍挂出让仍会继续,直到中国城市化率达到70%以上,土地财政才可能真正开始启动由强趋弱的过程。

城市化率70%以上意味着一个城市的存量资产超过增量资产,意味着土地出让数量必然大幅萎缩,意味着财政收入中的土地收益部分大幅下降。在存量资产占比大幅增加的背景下,政府必然把源于土地的财政收益转化为作为存量资产的房产的收益,此时,房地产税将

隆重登场，预计房地产税从试点到大范围征收将在5年后起步并逐步推开。

我们注意到，国务院近期推出央地收入划分改革方案，这是自1994年央地财税分配方案后的一次重大改革，地方政府在增值税、消费税方面将大幅增加财税收入，这将有助于地方逐步降低对土地财政的依赖度，也有助于提升地方政府对产业创新增加税收的积极性。总之，进入21世纪20年代后，国家土地财政逐步让位于税务财政的历程开始了。

七、城乡建设用地改革将深刻影响房地产基本格局

以往的房地产概念只停留在城镇化框架内，广大农村地区的土地及房产一直没有进入市场化，这种城乡土地房产二元结构造成了城乡间的巨大失衡。城乡二元化的土地制度客观上限制了土地要素自由流动，农村土地资源无法通过市场化为农民带来应有的财产性收益。

近年来，国家加大了对于农村"三块地"的改革力度。2019年8月26日，第十三届全国人大常委会通过了关于修改土地管理法的决定，农地征收、农村建设用地入市及宅基地三权分置改革不同程度在推进，其中，最引人关注的是有关集体经营性建设用地的入市方面，实现了过去农村土地必须被征为国有才能进入市场的关键性突破，一方面能够为农民直接增加财产性收入，另一方面将大幅度改善城镇建设用地的供应格局。这项政策将于明天即21世纪20年代的第一天正式实施。

工商业集体用地入市增加的同时，征地的住宅部分会相应宽松，国家已经明确目标：2022年，城乡统一建设用地市场基本建成；到2035年，城乡统一建设用地市场全面形成。与此同时，房地产在城乡建设用地改革中将同样以改革的姿态前行。

八、房地产在大城市圈的快速成长中寻找到新的发展机遇

中国在过去40年的高速发展中，已经孵化出700多个大中小城市，这些城市在开放型的经济社会发展中正在形成区域大融合的格局，由此在全国形成了19个比较明显的城市群，尤以京津冀、长三角、粤港澳大湾区（珠三角）三大城市群为标志。这些庞大的城市群未来将为房地产的深化发展提供巨量空间。

大城市圈本身不是传统意义上的一个单体城市的外延式、摊大饼式的展开，而是基于区域关联性强的城市间的互动融合，以中心城市为基点，向周边卫星城镇传导、辐射，如环京、环沪、临深概念凸显了京沪深与周边城市的紧密关系。近年来，这些毗邻大城市的外围中小城市房价上升很快，大城市的辐射力已经深刻影响到周边城市的房地产发展。其中，环京地区由于存在房地产炒作问题，2019年以来出现房价下跌，属于正常调整，不会影响环京大城市圈的长远发展态势。

九、城镇老旧小区改造为房地产提供了纵深拓展的空间

2019年6月19日，国务院常务会议部署推进城镇老旧小区改造，全国共有老旧小区近16万个，涉及居民超过4200万户，建筑面积约为40亿平方米，涉及居民上亿人。会议鼓励金融机构和地方积极探索，以可持续方式加大金融对老旧小区改造的支持。据初步估算，全国旧改投资总额或高达4万亿元。

城市内部经过多年发展，都出现了市区老化的问题，都面临着巨大的城市更新、旧城改造的繁重任务。实践表明，城市通过城市更新能够大幅提升城市效率效益，一是有效增加城市内部的空间利用率，二是为产业升级提供大量高价值城市空间，三是通过更新形成布局更

加合理的城市功能结构，四是形成更加美好的城市形象。

说到旧改，自然让人想到 3 年前国家推动的棚改，3 万亿元资金的进入使得三、四线城市的住房去库存问题得到快速解决。这次的旧改将在 21 世纪 20 年代大规模展开，又涉及大约 4 万亿元资金，这等于是给困境中的房地产业提供了一次难得的产业纵深拓展的空间，在积极兑现国家提出的一系列旧改公共利益的基础上，房地产也将在旧改中获得良好的再发展的机会。

十、单纯"盖房子"日益困难，产业地产及城市综合运营将大行其道

未来的房地产业将走出单纯"盖房子"的狭隘通道，形成土地房产平台与产业内容高密融合发展的新格局。房地产商将不得不通过以产业或与产业商合作为引导而获得土地，科技创新、信息、金融、商贸、物流、旅游等重要产业将唱主角，由此形成的广义产业地产将大行其道，并且要求房地产商必须与产业商建立战略伙伴合作关系，很多大房地产商已经在积极谋求变身成为产业地产商。

房地产商走出单纯"盖房子"狭隘通道的另一方向是综合运营。未来的房地产商越来越难拿到单纯的房屋开发性土地，在获得房屋开发权的同时往往要承担更多的城市综合功能开发责任，例如，水电路、学校、医院、文化设施等城市公共服务项目。即便是房屋开发，也包括大量的保障性住房等公共类项目。可见 20 年来房地产货币化改革形成的市场化模式正面临大变革，一大批城市综合开发运营商将诞生并主导未来房地产市场。

十一、商保并举、租购并举，解决住房的严重失衡问题

中国房地产以往 20 年高速发展中暴露出来的主要问题是住房的严重失衡，中央提出的"房住不炒"方针就是要从根本上解决这个

问题，具体的办法有两个：一是商保并举，二是租购并举。

商保并举是指商品房和保障房并举，这种办法从根本上改变了过去主要依赖发展商品房解决住房问题的模式，主要是借鉴新加坡经验，政府直接控制的保障性住房占大头，让中低收入阶层在保障体系内获得居住和未来产权的双向权利。

租购并举是指租房居住和购房居住并举，实现住有所居。大力发展租赁式居住是顺应国际惯例，这能让更多买不起房的人通过支出可控的租赁模式实现居住。

可以说，中国房地产是走了一个哲学上讲的"正、反、合"的逻辑过程：20世纪末由福利住房时代（正）进入货币化商品住房时代（反），当下又在由商品住房时代进入商保并举、租购并举时代（合）。21世纪20年代将是中国房地产全面推进商保并举、租购并举的时代，这是保持房地产稳定发展的来自供给侧改革的重大政策和策略。

十二、房地产存量时代开启将激活巨量物业资产价值

发达国家城市化率普遍高达90%以上，住房高速开发时代已经过去，目前城市存量房同样普遍占90%以上，新的增量房开发极少，因此，发达国家早已走出增量时代而处于存量时代。中国由于仍处于城市化快速上升阶段，所以仍然在增量时代。北上广深存量房占比最高，达60%～70%，大体进入类存量时代；其他城市存量房在30%～50%之间，主体仍然在增量时代。

存量时代与增量时代在房地产发展模式上有如下一些重大差异：增量时代的财政导向是土地财政，存量时代则是房地产税；增量时代的发展重心依赖土地，存量时代则是依赖物业；增量时代的获利主体是房价价差，存量时代则是房产服务；增量时代容易发生房产投机现象，存量时代则是规范经营主导。

中国正在逐步进入房地产的存量时代，从21世纪20年代开始，越来越多的人会将关注的焦点转向价值"400万亿+"的存量物业。

中国巨额存量物业拥有全球难以比拟的庞大资产价值，将为所有经营者和政府带来可持续的可观的运营收益。

十三、房地产行业集中度和行业品质将大幅度提升

既往20年来，高速成长的中国房地产引发了众多冒险者进入，高峰期全国的各类房地产开发商主体高达9万多家。大的房企年销售额可高达数千亿，而中小房企占大多数，最低者每年都摊不到一个项目，并且亏损者不少。当今中国房地产正在进入大变革时期，当年以各种名头挤入房地产领域的众多中小地产商的日子并不好过，在房地产巨头们酝酿万亿资产战略目标的时刻，一场大规模的兼并、收购、重组活动正在发生。2019年，有数百家房企走向破产、重组、关门、被兼并收购的道路，预计在21世纪20年代，中国房地产开发队伍将缩减大约1/3，甚至不排除缩减规模达到一半左右，同时，将出现销售规模上万亿的超级巨无霸房企，行业集中度将不断提升，行业品质也将大幅提高。

十四、老龄化趋势将对房地产发展产生重大影响

中国正在大踏步迈入老龄化社会。2017年，全国人口中60周岁及以上人口24090万人，占总人口的17.3%；其中65周岁及以上人口15831万人，占总人口的11.4%。60周岁以上人口和65周岁以上人口都比上年增加了0.6个百分点。预计到2020年，老年人口将达到2.48亿，老龄化水平达到17.17%；2025年，60岁以上人口将达到3亿，成为超老年型国家。

2019年11月下旬，中共中央、国务院正式印发《国家积极应对人口老龄化中长期规划》（以下简称《规划》），将应对老龄化上升作为国家战略。房地产作为关系国计民生的核心产业，必然受到老龄化

趋势的重大影响。未来20年甚至更长时间内，养老地产都将是房地产的热点和重点领域。从城居看，将大幅增加满足老年人需要的建筑设计、各类医疗、应急处理、养老养生、老年娱乐等设施，会增加更多的老年公寓、养老院、托老所等机构；从郊居看，文旅休闲度假地会增加更多适合于老年人养老的居住空间及相应的配套服务设施。

十五、智慧城市建设强力推动智慧地产发展

目前，智慧城市建设正在成为全球发展的热点方向，在国内，近年来的智慧城市、智慧小镇、智慧园区、智慧社区发展也非常迅猛。

智慧城市是什么？就是通过物联网、大数据、云计算、区块链、GIS（地理信息系统）+BIM（建筑信息模型）地理空间、AI（人工智能）、VR（虚拟现实）、AR（增强现实）和MR（混合现实）等新一代信息技术以及终端等工具和方法的应用，实现全面透彻的感知、互联、融合智能应用，运用信息和通信技术手段感测、分析、整合城市运行核心系统的各项关键信息，从而对包括民生、环保、公共安全、城市服务、工商业活动在内的各种需求做出智能响应，其本质是利用先进的信息技术，实现城市智慧式运维管理，进而为城市中的人创造更美好的生活，促进城市的和谐、可持续成长。

当智慧城市绘制出这样的蓝图时，承载城市空间商业和人居建筑的房地产行业必然跟随发生重大改变。一个商业空间，一个居民小区，将高强度、大面积地融入智慧城市的技术成分和管控模式，高效提升这些功能空间的智慧平台条件和运行能力，从而为城市的商业运行和市民生活提供符合时代要求的智慧基础设施能量支持。

十六、多规合一、国土空间规划对房地产的影响

房地产的发展离不开城市各项规划的引导。近年来，国家在规划领域的一个重大变化是，成立了自然资源部，由其实施全国统一的多

规合一的国土空间规划，这必然对原有的通过传统规划体系支撑的房地产开发模式造成强烈的冲击，房地产行业要适应多规合一的国土空间规划带来的重大改变。

中华人民共和国成立以来，特别是改革开放以来，我国的工业化、城镇化加速发展，原有的由各部门分别规划的模式造成国家和城镇空间布局、功能分区等方面的矛盾十分突出。为提升空间治理能力，优化国土空间格局，各地开展了"多规合一"和空间规划体系改革的相关探索。所谓"多规合一"，是将国民经济和社会发展规划、城乡规划、土地利用规划、生态环境保护规划等多个规划融合到一个区域上，实现一个市县一本规划、一张蓝图，以解决现有各类规划自成体系、内容冲突、缺乏衔接等问题。

在空间规划中，有三点很重要：一是城镇开发边界，二是生态保护红线，三是永久基本农田。这三条线，是后续规划绝对不能突破的底线，是强制性的内容，城市的未来发展布局，要在这三条线的范围内去做功能优化调整。房地产的发展同样必须遵从国土空间规划的约束，不能擅自逾越红线，同时在城镇开发体系范围内，根据规划的总体布局要求，寻求投资发展的合理机会。

2019 年 12 月 31 日

后　　记

　　我的文集《城市转型升级的深圳启示》即将交付出版了。近年来，我持续就深圳的经济和社会发展问题展开深入研究，撰写了一系列文章，现在我把这些文章集结成书出版。这是继 2019 年已经出版的《文旅与地产：顺势而为》文集后，我在中山大学出版社出版的第二部作品，也是我献给深圳经济特区建立 40 周年的一点小小的礼物。

　　在以经济回报为重心的粤港澳大湾区，我还能静下心来，不计经济回报地、一个字一个字地写出这些数十万字的文稿来，想一想也真的是不容易。这是为了什么呢？其实就是为了心中的一点情结，我是一个学者，写作是一种职业，更是一种责任，我们有责任把这个时代的变迁记录下来、总结起来、提炼出来，形成文字、图像、视频等文化载体，留给社会、留给后人，让社会、让人们了解这个时代的发展、成长、困境和期盼，希望能为大家提供一点切实可行的理论、经验和智慧的参考。哪怕是给社会提供了一丁点的参考，只要做出来了，就是一种安慰、一种满足、一种贡献。

　　当然，这仍然是一次初步的探索，还是有很多的不足，真心期待各位读者的批评指正，在此提前感谢大家了！

　　此刻，我必须提到 3 位朋友的名字：深圳市翠林投资控股集团有限公司董事长王忠明先生、深圳市弘道投资管理有限公司董事长祝文富先生、华融国投控股（深圳）有限公司董事长刘尚泉先生，没有他们的鼎力相助，本书也难以正常出版，在此对他们表示衷心感谢！

　　我还要感谢中山大学出版社编辑金继伟先生，感谢本书的责任编辑，他们都表现出了深厚的专业水平和诚挚的工作态度，没有他们的大力协助，我无法想象能够在如此短的时间内实现这部文集的正式出版。

在此祝愿大家身体健康、工作顺利、心想事成！

2020 年 10 月 2 日